Tachibana Business Shinsyo

深見東州
Fukami Toshu

経営者は人たらしの秀吉のように!

JN256927

TTJ・たちばな出版

本書は、平成十三年八月に弊社より発刊された
『人づきあいで人を動かす』を再編集のうえ発行しました。

新書判のまえがき

著名なカリスマ企業経営者は、ドグマや教派にとらわれない、普遍的な神仏への信仰を持ち、それを心のよりどころにした人が多い。

出光興産創業者の出光佐三氏は、宗像大社の熱心な崇敬者で知られる。西武グループ創始者の堤康次郎氏は、箱根神社の熱心な崇敬者。〝経営の神様〟松下幸之助氏は、会社の敷地内に〝根源の社〟を建立する。東芝の社長・会長を歴任した土光敏夫氏は、熱心な法華経崇敬者だった。また、京セラ・ＫＤＤＩ創業者の稲盛和夫氏や、協和発酵工業の創業者加藤辨三郎氏、エスエス製薬の創業者泰道照山氏も、熱心な仏教者として知られる。そして、〝Ｃａｎｏｎ〟が、〝観音〟から来てる事はあまりにも有名。

カリスマ経営者として知られるようになった私も、25歳で大学受験予備校を創業し、28歳で時計会社、36歳で出版社、観光会社を設立した。そして、37歳の時、海外で家具屋やヨットのマリーナ、ホテルを買収し、海外での経営を始めた。こうして、信仰に基づくチャレンジを続けたのである。今は、国内外に十数社を経営し、全てを成功させてるつもりだ。

何教であるかは関係ない。普遍的な信仰に基づく、経営者のあり方を本書で紹介する。これを参考にして、自分に合った経営法を編み出し、不屈の精神力で成功して頂きたい。信念は、折れれば挫折するが、信仰に挫折はない。だから、不屈の精神力の支えになるのである。皆様の成功を、心よりお祈り申し上げます。

知の阪神　深見東州

本名　半田晴久

別名　戸渡阿見

経営者は人たらしの秀吉のように！　もくじ

プロローグ　コミュニケーション能力はなぜ必要か

起業家に不可欠なリーダーシップとコミュニケーション能力

おそらく、長引く不況の影響を受けてのことだろうが、大学を卒業しても就職を望まない、いわゆるフリーター志望の若者の数は、ここ数年、いっこうに減る気配がない。

運よく大企業に就職できても、自分の好きな仕事をやらせてもらえるわけではないし、このご時世、いつクビになるとも限らない。だったら定職に就かずに好きなことをやりながら、人生を思い切り楽しんだ方がいいんじゃないか――というのがフリーター志望者たちの言い分であるという。まあ、定職に就こうが、アルバイトをしながら自由気儘に生きようが、それは本人の勝手。他人がとやかく言う筋合いではない。だが一つだけ気になることがある。それは何かといえば、そうした就職拒否組の中に、起業家志向の若者が僅かではあっても着実に増えつつあるという事実である。

会社をつくって一国一城の主になるのはサラリーマン共通の夢である。だが、現実は厳しく、よほどの経験と才能がなければ独立しても失敗するのがオチ、というのがこれまでの通り相場だった。上司に厳しく鍛えられながらしっかり仕事を覚え、会社の内外に人脈という太いパイプをつくり、さらに、それなりの資金を準備できたとしても、それでもなお成功はおぼつかない、というのが常識であった。だから、「いつかは独立して自分の会社を」という夢を描きながらもなかなか決断できず、結局、気が付いたら定年を迎えていた、というケースが圧倒的に多かったのである。

ところが最近では、会社勤めをほとんど体験していないのにもかかわらず、事業を立ち上げようとする若者が増えているというのである。これは一体、どういうわけなのだろうか。

無論、長引く不況が若者の意識を変えているのは疑いない。また、「若きベンチャー企業家がどんどん出てこない限り、日本経済は立ち直れない」といった風潮の高まりが、若者たちをベンチャーへと駆り立てているのも間違いないだろう。だが、それとは別に、リストラの恐怖に怯えながらも薄給に甘んじている世のサラリーマン族を尻目に、莫大な財産と名誉をわが物としている若きベンチャー企業家たちの存在。これもと言うより、これが若者たちの起業家志向を高めている一番の原因になっているのではないだろうか。

二〇代、三〇代の若さで事業を立ち上げ、ベンチャーの旗手、あるいは時代の寵児として喝采を浴びつづける若き起業家たち。彼らの成功神話を見聞していれば、現実の厳しさを知らない若者たちが「俺だって」という気持ちになったとしても、決して不思議ではない。

会社勤めをほとんど経験していない彼らだって成功したんだ。ならば、俺にできないわけがない。やる気と才能さえあれば、経験なんかなくたって成功できるんだ――。

その意気やよし、である。春秋に富む若者が、社会人へのスタートラインに立ったその時から、気概や志を失っているようでは先は知れている。まさに〝青年よ大志を抱け〟ではあるのだが、彼らがもし、事業を起こすに当たって会社勤めの経験なんか必要ない、と本気で考えているようだったら非常に危うい。

なるほど、成功しているベンチャー企業家たちの中には、サラリーマン生活を体験していない人が少なくない。しかし彼らは、社会人になる前から、会社経営をする上で必要不可欠な体験を積みながら、貴重な能力を磨いているのだ。その能力があったればこそ、成功を収めることができたのである。ここを見落としていたら、どれほど大きな志を抱いていようが、才能や技術を身に付けていようが成功はおぼつかないと言っても過言ではないだろう。

では、その能力とは何か。一言で言えばコミュニケーション能力とリーダーシップである。

サラリーマンとして会社勤めに励みながら、上司や同僚、取引先に揉まれる中でコミュニケーション能力やリーダーシップを磨き、これでもう大丈夫だろうという自信をつかんでから独立する、というのがこれまでの起業家たちが踏むごくごく普通のプロセスであった。ところが、このプロセスを省いていきなり独立しようというのなら、当然のことながら、学校を卒業するまでの間に人並み外れたコミュニケーション能力とリーダーシップを養っておかなければならない。

父親や母親、兄弟、友人、学校の先生などと如何に上手くコミュニケーションを図り、相手を自分の思いどおりに動かすことができるのか。その能力を養っていれば、卒業と同時に事業を立ち上げてもうまくいくかもしれないが、そうでなければ、成功は至難の業と言わざるを得ないのである。

学生時代にコミュニケーション能力を磨け

成功しているベンチャー企業家たちの経歴をつぶさに調べればわかることだが、彼らはたいてい、学生の頃からリーダーシップやコミュニケーション能力を身に付けている。例えば、学生時代に生徒会の会長や自治会の委員長を務めていたり、学園祭の実行委員長だったり、あるいはクラブのキャプテンをやっていたりと、何らかの形でリーダーシップやコミュニケーション能力を身に付けているものである。そうでない場合でも、子だくさんの家の長男・長女として生まれ、たくさんの弟や妹たちを統率していく中で、知らず知らずのうちにリーダーシップとコミュニケーション能力を身に付けているのが普通だ。

だからこそ、二〇代三〇代の若さで会社を設立し、世間に注目されるほどの業績を残すことができるのである。

そうではなく、中学・高校時代に生徒会活動もやっていないし、クラブ活動にも参加していない、大学時代も自治会活動どころかクラブにも入らないで、先輩や後輩の中で揉まれてこなかった人間が、学校を出ていきなり会社をつくったところでうまくいくのかどうか、常識で考えれば、誰にでもわかるはずである。まあ、文章でメシを食うとか、インターネットを活用して何かを販売しようというのなら、一人でもやっていけるだろう。だが、会社をつくって事業を始めるとなると、人を使わなければならないし、取引先とも丁々発止の駆け引きをやらなければいけない。いや、駆け引き云々の前に、取引先を開拓しなければならない。その新規開拓がどれほど困難なことか、営業経験のある人なら誰でも知っていることだが、その時にリーダーシップやコミュニケーション能力に欠けていたらどうだろう。見も知らぬ会社に出向いて仕事を取ってくることができるだろうか。取ってきた後の交渉を有利に運ぶことができるだろうか。あるいはまた、やる気のない従業員、気難しい従業員を上手に使いこなすことができるだろうか。答えは断じて「ノー」である。

だから私は常々言うのである。たとえどんなに優れた職能力――例えば、コンピュータソフトの開発だったら誰にも負けないというほどの自信があったとしても、企業経営の基礎となるコミュニケーション能力やリーダーシップを磨いてこなかった人間は、学校を出ていきなり会社を起こそうなどと考えてはいけない、と。そんなことをすれば、一〇〇人が一〇〇人、全て失敗するだろう。いや、間違いなく失敗する。そう断言してもいい。

コミュニケーション能力で苦境から脱出

かく言う私も、若くして会社を起こした一人である。

私が会社を設立したのは昭和五十二年。大学卒業後、一年ばかりのサラリーマン生活を体験してから、時計を扱う小さな商社を設立したのだが、当時の時計業界はあちこちの会社がバタバタと潰れるという、空前絶後とも言うべき大不況の真っ只中。そんな荒海に船出したのだから、我が社もご多分に洩《も》れず赤字赤字の連続で、どうにか黒字を計上できるようになったのは会社を設立してから五年目ぐらいのことであった。

それでよく倒産せずに済んだものだなあ——そんな声が聞こえてきそうだが、まさしくその通り。これといった資産を持ち合わせない我が社など、とっくに倒産していてしかるべきである。

普通、資金繰りが逼迫して、従業員や取引先への支払いに困ったら、銀行に頭を下げてお金を借り、それをもって支払いに当てる。もっとも、〝晴れの日の雨傘〟である銀行が二つ返事でお金を貸してくれることなど、実際にはありないが、それでも、それなりの銀行信用があれば貸してもらえる。ところがご存じのように、設立後三年に満たない会社は会社として認めてもらえず、銀行信用はゼロ。もちろん、どんなに頭を下げたって、お金を貸してもらうことなどできるわけがない。

当時、「人の三倍働く」をモットーにしていた私は（その信条はいまも変わらないのだが）、一日で三日分生きるつもりで必死に働いていた。だから、三年たったら九年分の実績を積んだつもりだったのだが、そんな理屈が銀行に通じるわけがない。何度足を運んでもけんもほろろ、まるで相手にしてもらえなかった。

支払いの期日は刻一刻と迫りつつある。さりとて、手持ちの資金はないし、銀行も貸してくれない。ああ、もうダメだ、これで我が社も終わりだ。そんな絶体絶命の修羅場を何度も何度も体験したが、その都度私は、支払先に土下座をし、額を床にすりつけながら、支払い期日の延長や返品をお願いするなどして、どうにかこうにか乗り越えてきた。その具体的な方法については拙著『入門　成功する中小企業の経営』（たちばなビジネス新書）に書いたので、資金繰りに苦しんでいる人は、是非とも参照していただきたいと思うが、もうダメかという絶体絶命の窮地に立たされた時に役立ったのが説得術であり、コミュニケーション能力であった。言うなれば、我が社がどうにかこうにか存続できたのは、一にも二にも、私自身のコミュニケーション能力の賜物だったのである。

クラブ活動で磨いたコミュニケーション能力

私は高校時代、生徒会の役員を五つ兼任していた。

あれはたしか高校一年の六月だったと記憶しているが、全校生徒が参加するファイヤーラリーというイベントがあった。その時、行事委員長としてイベントを取り仕切る立場にあった私は、朝から晩まで東奔西走、毎日毎日が目の回るような忙しさであった。

一口にファイヤーラリーと言っても、二〇〇〇人あまりの生徒が参加する一大イベントである。それだけに、準備段階から開催当日までの慌ただしさといったらなく、まず、先輩の委員たちと相談しながらプログラムを立案する。立案作業が終わったら、企画書を持って学校側と折衝。折衝が終わったら終わったで、今度は、限られた時間の中で如何に完璧な準備を完了するかというテーマが待っている。それを一五、六歳の高校一年がこなさなければならないのだから、今思い出してもかなりハードなスケジュールだったように思う。

高校二年になると、私の生活はいっそう忙しくなった。選挙管理委員長をはじめ五つほどの役員を兼務しながら、その間にクラブ活動をやり、さらにその合間を縫って、某宗教団体の学生部長として活動することになったのである。それだけに、実に目まぐるしく、非常に充実した高校生活であった。

そして大学へ。私は大学入学と同時に、迷わず英語クラブに入ったのだが、そのおかげで私の大学生活は高校の時以上に充実したものになった。同志社大学の英語クラブは、四、五〇人の小さなクラブではない。総勢四〇〇人からの大所帯である。だから、一、二年の時には周囲はまさに先輩だらけだった。

「おい、メシを食いに行くか」

「はい。でもボク、今日は持ち合わせがないんですけど……」

「心配するな。俺がご馳走するよ」

「えっ、ご馳走してくれるんですか。ありがとうございます」

などと、先輩諸兄からずいぶんと可愛がってもらったものだが、社会人になってから目上や上司、取引先との付き合い方で困ることがなかったのも、そういう先輩たちとの交流があったからだと思っている。
三、四年の上級生になると、今度は自分が後輩の面倒を見る立場に立つ。英語の指導をしたり相談に乗ったり、時には食事に誘ったりと、何かにつけて後輩の面倒を見るのが先輩の務めなのだが、とりわけ私の場合、クラブの会長に推された関係で、やらなければならないことが山ほどあった。
平素は、副会長などと一緒にクラブのマネジメントに精を出し、その合間に後輩の相談に乗る。また英語劇や他校を交えてのスピーチ大会やディベートなどの催しがあれば、他校のリーダーたちと折衝を重ねたり、運営資金をどこかから調達しなければならない。あるいはまた、何か事件が起きた時には、顧問の教授に「すみません」と頭を下げてもみ消してもらったり、ということも少なからずあった。

今から思えば、かなりハードな日々だったが、それでも苦痛に感じたり負担に思ったりすることは一度もなかった。また、この体験が将来役に立つんだ、という意識もなかった。ただただ好きだからやっていただけである。

それが結果的によかったのだと思う。「好きこそものの上手なれ」という言葉もあるように、好きでやったから、先輩や後輩に揉まれる中で、知らず知らずのうちにマネジメント能力やリーダーシップが身に付いたのではないだろうか。人はどうやったら動いてくれるのかという説得術や交渉力、コミュニケーション能力といったものが養えたのではないだろうかと思う。

もし、学生時代にそういう体験をすることなく漫然とした日々を過ごすだけで、マネジメント能力やコミュニケーション能力を身に付けてなかったらと考えると、今さらながらゾッとする。

学歴など何の役にも立たない

学校を出てすぐに事業を立ち上げるだけなら、それなりの資金があれば誰にでもできるだろう。しかし成功を収めたいということになると話は別。やはり学生時代にリーダーシップやコミュニケーション能力、さらには説得術をある程度身に付けていないと無理である。

考えてもみていただきたい。難しい交渉をやり遂げた経験が何一つない、どうやって交渉していいかもわからない人間に、取引先を説得したり従業員を使いこなすという芸当ができるだろうか。はっきり言って、何もインプットしてこなかった人間は、会社をつくって事業を始めようなんて、ハナから考えない方がいい。もともと素地がないのだから、そんなことに手を染めたら、まず一〇〇パーセント失敗する。

「いや、俺はエリートコースを歩んできたんだから大丈夫」という向きがあるかもしれない。だが、一流高校を出ようが一流大学を出ようが、そんなのは何の役にも立たない。コミュニケーションのやり方を教える講座があるわけではないし、仮にそういうものがあったとしても、コミュニケーションとはそもそも頭で理解するものではなく、体験を通して体で覚えるものなのだから、本を読んでも講義を聞いても身につく道理がない。だから、学歴なんかまるでアテにならないのである。東大卒であろうと京大卒であろうと、あるいはまたＩＱが高かろうと学力に秀でていようと、ことコミュニケーション能力に関しては、実際に体験し、体で覚える他に身に付ける方法がないのである。

その意味では、三流大学卒であっても、中退であっても、あるいは高校しか出ていなくても、運動部でしごかれたり、自治会や生徒会活動に熱中してきた人間のほうがよほど可能性がある。先輩とはどう接しなければいけないのか、後輩の面倒はどう見たらいいのか。それらを体で覚えてきた彼らなら、会社を起こしてもある程度成功するかもしれないし、サラリーマンになっても先々、大いに期待できる。

だいたい、社会に出てからメキメキ頭角を現わす人間はそういうタイプであって、勉強だけやってきた人間が伸びていくというケースはほとんどない。学者になって、象牙の塔に籠もって研究に専念するというのなら勉強漬けの学生時代を送ってもいいだろうが、将来、社会で活躍しようというのならやはり、学生時代にコミュニケーション能力の基礎を身に付けておく必要があろう。

コミュニケーション能力がなければ上司の引き立ては受けられない

ここまでは、会社をつくって事業を起こすことを前提に、コミュニケーション能力の必要性について語ってきたが、コミュニケーション能力が必要なのは、何も会社の経営者に限った話ではない。会社という組織の中で働くサラリーマンだって事情は一緒、コミュニケーション能力は不可欠である。

会社に就職すれば、そこには必ず上司、目上がいるし、同僚もいる。また、年齢を重ねれば部下も増えてくる。そうした上司・同僚・部下という人間関係の中で、如何に信頼される自分自身をつくっていくのか、上司から引き立てを受け、同僚から信頼され、部下から慕われる人間になるのか、というのはサラリーマンにとっては極めて重要なテーマである。が、このような話をすると決まって、「上司からどう評価されようがいいじゃないか。同僚から信頼されなくたっていいじゃないか。そんなことより大切なのは仕事だよ、仕事。仕事ができるかどうかが問われるべきであって、職場の人間関係なんて所詮二次的、副次的なものにすぎないんだ。だいたい、仕事もできないくせに職場の人間関係を云々する奴にはロクなのがおらん」

と反論する人がいる。ご説ごもっとも。全くその通りである。だがしかし、私は何も宴会部長になれと言っている訳ではない。職能力を磨くことと同じくらい信頼関係を築いていくことも大切なんですよ、と言いたいだけである。ところが、とかく仕事のできる有能なタイプに限って、そこがわかっていない人が多い。

「仕事さえきちんとやっていれば、上司も正当に評価してくれるさ」

「俺くらい仕事をこなしている社員は他にいない。それを評価しないようじゃぁ、上司の資格はないぜ」

などと嘯《うそぶ》いたりするのだが、自分が考えているほど他人の目は甘くはない。

「たしかに仕事はできるけど、どうもトゲが多くて困る。あれでは人はついてこない。とても部署を任せられる器ではない」

「彼は一匹狼なんだから、放っておけばいいんだよ」

というように見られるのが普通で、上司の引き立てはまず受けられない。その結果はといえば、出世競争に敗れ、同僚の後塵を拝するだけでなく、後輩にまで先を越されるという、お定まりの落ちこぼれコース。それでもいいんだ、出世競争なんか関心がないんだ、というのなら話は別である。だが、野心ギラギラとはいかないまでも、人並みの出世願望を抱いているサラリーマンがそういう立場に立たされたら、これは悲劇である。

歌の文句ではないけれど、暗い酒場の片隅でウイスキーか何かをちびちび嘗めながら、「社長のバカが」「部長のアホが」「課長の能なしが」と愚痴をこぼし合っている人種はだいたい出世に遅れたサラリーマン、というのが通り相場である。上司の陰口を肴に酒を飲もうが何をしようが一向に構わないが、傍で見ていてあれほど恰好の悪いものはない。まるで、落ちこぼれサラリーマンであることを自ら白状しているようなものではないか。そんなことにならないためにも、ここは一つ、職能力を磨くと同時にコミュニケーション能力にも磨きをかけて、上司からも同僚からも、そして部下からも信頼される自分になるように努めたいものである。

試行錯誤を繰り返して体で覚えるのが基本

では、交渉力やコミュニケーション能力、リーダーシップというものは、どうやったら培うことができるのだろうか。その方法について語るのが本書のテーマなのだが、結論から言えば、これはもう自分自身で体験し、試行錯誤しながら、一つひとつ覚えていくしかない。

前述したように、コミュニケーション能力やリーダーシップというのは、本や人の話を聞いて頭で理解したからといって身に付くものではない。あくまでも自分自身で悩んだり葛藤しながら、試行錯誤を繰り返しつつ体で覚えていくものである。その限りで本書も例外ではなく、本書を読んだからといって、即座にコミュニケーション能力が身に付くわけではない。『経営者は人たらしの秀吉のように！』というタイトルに惹かれて本書を手にした方が多いと思うが、ことコミュニケーション能力に関する限り、実践に実践を重ね、試行錯誤を繰り返していくしか方法がないのである。

とは言え、何の手掛かりもなければ、実践しようにも実践できないのもまた事実で、上司や同僚、部下との葛藤の渦中にあるときは、なかなか頭が整理できず、とかく余計な軋轢《あつれき》を生じやすいもの。そんなとき役に立つのが先達の体験談である。本書の狙いは実はそこにある。

職場の人間関係や取引先との交渉に苦しんでいるとき、本書を読んで、「ああ、ここが問題だったのかな」「ああ、こういう方法もあるのか。今度、同じようなことがあったらさっそく実践してみよう」というようなヒントを得てもらえればと願って筆を取るつもりである。

是非とも、大いに役立てていただきたいと思う。

第一章　上司、目上とのコミュニケーション

ゴマすり、是か非か

職場の人間関係といった場合、誰もが真っ先に思い浮かべるのは、さしずめ上司、同僚、部下といったところではないだろうか。毎日毎日、同じ職場で顔を突き合わせて働いているのだから、何を差し置いても上司、同僚、部下を思い浮かべるのは当然と言えば当然である。だが、職場の人間関係はこれだけではない。営業職なら取引先と付き合わなければならないのはもちろんのこと、役職によっては銀行や税務署を相手に丁々発止のやりとりをしなければならないだろう。また、警察など役所の許認可が必要な業種なら、お役人相手の折衝が必要になる。それくらい、職場における人間関係は複雑多岐にわたっているのだが、そのうち一番重要なのは何かというと、これはもう、上司・目上との関係に決まっている。

冷静に考えればすぐにわかることだが、人が人として社会で生きていく限り、永遠無窮に上司・目上は存在する。例えば、学校を出たばかりの新入社員にとっては、それこそ周りじゅうが上司・目上であるし、そこから係長、課長、部長へと出世を重ねていっても、上司・目上の存在が消えるわけではない。また、運よくトップの座を射止めたとしても、銀行や税務署、警察など、頭を下げなければならない対象は必ずある。そして、この世の人生を終えてあの世に行っても、先祖や先輩にお仕えしなければならない。

まあ、あの世の話は冗談にしても、人間が人間として生きている限り、永遠に上司・目上が存在するのは間違いないところである。だから、上司・目上から可愛がられない、大事にされない、引き立てを受けられない、贔屓にされないことほど辛いことはないのだが、では、どうしたら上司・目上から可愛がられ、引き立てを受けられるのだろうか。ゴマでもすればいいのだろうか。

「そう、その通り。上司・目上の引き立てを受けるには何といってもゴマすりが一番。上司・目上を持ち上げ、気分をよくさせれば、その分、可愛がってもらえるし、引き立ても受けられるというものだよ」

と、ゴマすりを推奨する向きもあるだろうが、これとは逆に、ゴマすり否定派も少なくない。

「バカを言っちゃいけない。ゴマをすってまで引き立てを受けようなんて、人間として最低だぜ。ゴマすり野郎の顔を見ているだけで、こっちまで汚れてくる」

「何を綺麗事言っているの。世の中、建前だけで通用するほど甘くはないんだよ。組織人であろうがあるまいが、人間として生きている限り、時にはゴマをすらなきゃならないこともあるんだ。そこがわからない奴は、まるで子供と一緒。死ぬまで寝小便を垂らしていればいいんだ」

ゴマすり推奨派と否定派。その正否を巡る主張は互いに平行線を辿るばかりで、どこまで行っても交わることはなさそうだが、私に言わせれば、ゴマすり大いに結構。必要に応じてどんどん活用すべきである。

悔しかったらゴマをすれ

そもそも、ゴマもすれない人間がゴマすりのことを偉そうに批判してはいけない、批判する前に自分で一度すってみよ、と言いたい。

ゴマを一度でもすったことのある人なら誰でも知っていることだが、ゴマすりほどストレスが溜まり、屈辱感を感じるものはない。上役から誘われれば、飲みたくもない酒も飲まなければならないし、やりたくもないゴルフでも付き合わなければならないのだから、そのストレスたるや筆舌に尽くし難いものがある。と言ったらいささかオーバーかもしれないが、時には胃潰瘍になったりすることもあるくらい、ゴマすりは大きなストレス要因になる。だから、ゴマをすっている人に対して、ゴマをすれない人間が偉そうに言ってはいけない。

株式会社であろうと有限会社であろうと、学校法人であろうと財団法人であろうと、さらにはボランティアのグループであろうと同窓会であろうと、ゴマをすらずに出世できる社会は絶対にあり得ない。ましてやサラリーマンやＯＬであれば、上司・目上や同僚や部下との対人関係が実力評価に直結することがあるのだから、いかにゴマをするかという表現力や咀嚼力も必要にして不可欠といえる。現実に人間関係によって会社が成り立っている以上、多かれ少なかれゴマすり的要素がなければ思うように仕事は進まないし、出世は到底望めないだろう。

逆に言えば、ゴマすりにある程度長けていれば、仕事を順調に運ぶこともできるだろうし、出世だって夢ではない。歴史を振り返ってみると、そうやって功成り名を遂げた人物は驚くほどいっぱいいるが、その代表的人物となると、豊臣秀吉をおいて他にないだろう。

秀吉はどうやって「人たらし」になったのか

御存知のように、秀吉は織田信長の後を襲って天下を統一し、太閤にまでなった人物である。が、その出自はと問えば、出世とは縁もゆかりもない最低の身分であった。にもかかわらず、秀吉はなぜトップを極めることができたのか。

その第一の秘訣は、「人たらしの秀吉」と言われるほど、ゴマすりの名人だったこと。普通、女たらしは女性しかたらし込まない。だが、秀吉は女も男も、上の者も下の者もたらし込んだ。だからこそ、金も家柄もないのにトップに昇り詰めることができたのである。

その「人たらしの術」を秀吉はどこで身につけたのだろうか。歴史書を繙《ひもと》いても明らかではないが、想像するに、子供の時にやらされた子守りで身につけたのは疑いない。秀吉は貧乏百姓の子供だった。そのため、幼い頃から近隣の裕福な農家の赤ん坊の子守りをさせられたことは歴史的事実として明らかにされているが、その子守りをしているうちに「人たらしの術」を身に付けたのである。

やってみるとわかるが、子守りはたいへんに辛い仕事である。子供というのは絶えず気分が変わる。今笑っていたかと思うと突然泣き出したり、泣いていたかと思うと急に笑い出したり、一緒に遊んでいても、「あっちへ行こうこっちへ行こう」と、全て気分次第である。要するに、自分のペースを他人に押しつけるのが子供であって、「子守りが疲れているだろうからぼくも寝ついてやろう」などと、相手を気遣う子供はどこにもいない。

そんな我がままな子供のペースに合わせなければならないことを考えれば、子守りがいかにしんどい仕事か容易に類推できると思うが、それだけの難事を楽々とやりこなす子守りがいるという評判が評判を呼んで、それじゃあうちの子も、私の子も……ということになる。秀吉はそうやって金を稼いで家を助けると同時に、人たらしの基礎を身に付けていったのだ。

世の中にはそんな秀吉とは反対に、子守りが苦手な人、子守りができないタイプの人がいる。自分のポリシーに忠実な人、言い換えれば自己中心的な人がそれだ。

例えば、九時から二時間は経営の勉強をすることを固く守っている人が、同窓会に行く奥さんから子守りを頼まれたとしよう。その時、九時になったからというので、「おい、お父さんはこれから経営の勉強をするんだから、もう寝なさい」と言ったところで、子供は素直に寝るだろうか。子供は騒ぐか泣くかするだけで、父親の都合に合わせて寝てやろうなんていうことはまずあり得ない。子供とは本来、自己中心的な存在であるからだ。

ところが、そこがわからない人間は、自分は九時から勉強しなければならないのだから、九時になったら子供は寝るべきだ、という考えから抜け出すことができない。角度を変えて言えば、それも自己中心であって、自己中心的な大人に自己中心的な子供をあやせる道理などあるはずがない。

「泣くのをやめなさい」と言っても泣き止まないし、「こんなところでオシッコをしてはいけない」と言っても、所構わずオシッコを漏らすのが子供というものである。そんな子供をあやすには、子供の状態に合わせてこっちが変わるしかなく、自分のポリシーとか指針とか、人間はかくあるべきなんていう考えを捨てられない人間が子供をあやしにかかったら、自分の思い通りにならない現実に直面して、パニックに陥るだろう。

寝てほしいと思っても寝ない。泣くなと言っても泣き止まない。とにかく自分の思い通りにいかない子供をあやすには、ああってほしい、こうあってほしいという願望を捨てて、子供に適合していく他ないのである。そこに、「人たらしの秀吉」をつくった基盤があると言って間違いあるまい。

ゴマをするだけでなく実績で示せ

秀吉が仕えた織田信長という人は、世にも稀なほど自己中心的な人だった。天才は天才なのだが、こうと決めたら絶対に変えない。逆らう部下は殺すか解雇してしまう。だから配下の有力な武将、今でいう幹部社員は皆、「困った殿様だ、やりにくい殿様だ」と思っていた。その中で秀吉だけが、信長に気に入られてトントン拍子に出世した。ということは、秀吉は信長をあやし切った、ということである。

織田信長様はこういう方だ、柴田勝家様はああいう性質だ、明智光秀殿はこういう性格だと見切ったら、それぞれに合わせて目いっぱいゴマをすり、調子に乗せる。それは、プライドのある侍にはできないことではあるけれど、尾張中村の百姓からはい上がってきた秀吉にはプライドがない。お侍はこういうところを尊ぶのだとわかったら、その侍心をくすぐるように、「私、猿でございます」と、いくらでもへりくだることができる。だから、武士のプライドとはこういうものなんだ、武士が求めているものはこれなんだといち早く察知したら、誰よりも頭を下げてあやしていく。すると、あやされているほうは優越感に浸って「いいやつじゃ」と引き立ててくれる。そうやって秀吉は着々と出世していったのだ。

ただし、秀吉の名誉のためにつけ加えると、秀吉は単にゴマすりとおべっかだけで出世したのではない。信長から引き立てを受けるまでには、何度も何度も危ない橋を渡っているのだ。危険すぎるからと誰も引き受けなかった墨股《すのまた》城を命懸けで築城しているし、織田軍が金ヶ崎城から敗走する際には、絶対に生きて帰れないと言われていたしんがり軍を務めもしている。それも、わがままな信長をたらし込むには必要だったからで、おべっかだけで出世したのではないのである。

全方向ゴマすりになれ

いずれにしても、上司・目上から引き立てを受けるにはゴマすりは不可欠。組織の中で生き抜こうとするなら、名うての人たらし・秀吉を見習うべきだと思うのだが、世間一般ではゴマすりが悪く受け取られているのも事実である。なぜゴマすりが悪く見られるのか。その理由は、ゴマすり人間の多くが偏ったゴマすりをしていること。この一点に尽きると言っても過言ではないだろう。

目上や上司には卑しいくらいにペコペコするものの、同僚や目下の人間には人を人とも思わないような横柄な態度で接していたら、それは嫌われるに決まっている。一方向にだけゴマをするからダメなのである。そうではなく、上司・目上、同僚、部下を問わず、私情や私利私欲を捨てて、全ての人を思い遣る。これが正しいゴマすりの姿勢であり、その態度を貫いている限り、誰からも嫌われることはないし、悪く見られることもないはずである。

そういう心で職場全体を眺めると、周囲の人の心がまるで手に取るように透けて見えてくることがある。目上の女性は自分のことをこんなふうに思っているな、目下の男性は上司の自分にこうやってほしいと思っているなと、見えないはずの心が見えてくるのだ。だが、相手の心をキャッチしただけで終わったら意味がない。キャッチしたら、間髪を置かずサッとたらし込むのだ。部下の女子社員が望んでいることをキャッチしたら、その望みを叶えてやる。すると、上からも同僚からも目下からも、あの人は素晴らしい人だと思われる。男性からも女性からもいい人だと言われる。そうなればしめたもの。出世はもはや約束されたようなものである。

そこまで気を配れる人は、もちろん目上の人にもゴマをする。だが、全方向でゴマをすっているから、「あいつはゴマすりだから」などと陰口を叩かれることはない。それどころか、「あの人は腰が低い人だ」とか「人当たりのいい人だ」と評価されるのが普通で、「あの人は人格者だ」とか「あの人は人柄がいい」と言われたりもする。どれも最高の人物評価だ。

だから、ゴマすりという行為を貶《おとし》めて考えてはいけないし、ましてやゴマすりができない人間が人をゴマすりと蔑んでもいけない。全方向、上中下、別け隔てなく、全ての人をまんべんなく持ち上げることが最高の善行なのだと心得て、大いにゴマをすりたいものである。

コミュニケーション能力の基礎はゴマすりにあり

「ゴマすりは卑しい人間のすることだ」という偏見は、この際捨てるべきである。そもそも、そういう偏見を持つ人に限って組織の中で浮いた存在になっていることが多い。「あいつはゴマばっかりすって」と他人を貶《けな》す人には、他人が何を望んでいるかを理解するという、気配りや気働きに欠ける傾向が強いからだ。それでは当然、出世も望めないだろう。

悔しかったら、自分もおべっかを使って出世したらいい。その上で「お前、ゴマばっかりするんじゃないよ」と言うのなら説得力があるというもの。出世もできないで、他人を非難してばかりいるというのは、負け犬の遠吠えである。

ゴマすりやおべっかは、それ自体は善でも悪でもない。善なるものとするか悪なるものとするか。それはひとえに、どういう目的でゴマをするかにかかっている。要は、多くの人の幸せのためにゴマをすり、おべっかができるかどうか、なのだ。

繰り返しになるが、正しいゴマのすり方というのは全方向にゴマをすることである。だから、目上にゴマをすっておべっかを言ったら、目上にゴマをするが如く同僚にもゴマをすって、おべっかを言わなければいけない。もちろん、目下にもゴマをすっておべっかを言うことを忘れてはならない。

そうやって全方向でゴマをすっていると、知らず知らずのうちに、取引先や銀行、税務署を相手にしたときのコミュニケーション能力や接客術も磨かれてくる。周囲の人を幸せな気分にさせ、満足したな、喜ばしいなという思いにさせることができたら、それはそのまま接客術として活用できるわけだ。それには何よりもまず、上司・目上に喜んでいただく、満足していただくという姿勢が大切で、上司・目上に対するゴマすりを汚らわしいもの、卑しいものと考えている限り、コミュニケーション能力の向上はないだろう。

上司・目上は父親の投影

ということで、まずは上司・目上に対するゴマすりを推奨したわけだが、今度は別の角度から、どうしたら上司・目上とのコミュニケーションがうまくいくかについて考えてみたい。

一般的に言って、父親と仲のいい人の場合は、どんな上司・目上ともうまくやっていけるケースが多い。反対に父親との葛藤で苦しみ、いつもいがみ合っている人は上司・目上ともぶつかる傾向がある。また、母親と仲がよい人は、上司、同僚、部下を問わず、女性といがみ合ったりぶつかることが殆どない。過度に母親と仲がよく、べったりした関係を結んでいる場合にはマザコンになりやすいが、適度に母親と仲がいい人は、おおむね女性と仲よくできる。

これはあくまでも一般論ではあるが、そういう傾向があるのは事実である。実際、上司・目上とうまくいかない人をよく観察すると、父親との折り合いがよくないことに気付かされるケースが少なくない。

ではなぜ、父親との関係がギクシャクしていると、上司・目上とうまくいかないのか。理由は簡単。上司・目上は潜在意識の奥深いところに眠っている、父親像の投影であるからだ。平たく言えば、上司・目上の顔を見る時、無意識のうちに父親の顔とダブらせて見てしまうのである。だから、父親を尊敬している人は素直に上司・目上を尊敬でき、父親に甘えた体験のある人は自然に上司・目上に甘えることができるわけだ。父親と軋轢がある人が無意識のうちに上司・目上に対して敵愾心を抱いてしまうというのも、まったく同じ理屈である。無論、女性に対する態度についても同じである。

そうした関係が端的に現れるのは、母子家庭で育った人の場合である。幼いころに両親が離婚したり、あるいは父親と死別したりして女手一つで育てられた人と上司・目上の関係をつぶさに観察すると、特別仲がいいわけでもなければ、特別仲が悪いわけでもないという、ニュートラルと言うべきか不思議と言うべきか、じつに曖昧模糊《あいまいもこ》とした関係を築くケースが多い。それはなぜかと言うに、どういうふうに上司・目上を理解し、扱っていいかわからないからである。母子家庭を差別するつもりで言うわけでは決してないが、一般に、父親と触れ合う機会を持てなかった人にそういう傾向が見られるのは否めない。

とにかく、上司・目上は父親像の投影なのである。だから――これはまあ余談だが――従業員を雇う場合には、父親との関係を尋ねてみるといい。そうすれば、その人物が入社後、上司や周囲の人間とうまくやっていけるかどうか、大方の見当がつくはずだ。

「あなた、お父さんとの関係はどうですか。仲がいいですか。一緒にゴルフに行ったり、お酒を飲んだりしますか」

と尋ねて、

「はい、父とはしょっちゅう一緒に飲んでいます。ゴルフにも一緒に行きます」

という返事が返ってくるようなら、上司とうまくやっていける人物と判断していいだろう。これとは反対に、

「いや、父親とは長年葛藤がありまして……。一緒にお酒を飲んだりゴルフに行ったりすることはまずありません」

と答えるようだったら、入社後、上司とトラブルを起こす可能性があると考えて、雇わないほうがいい。

逆に、面接を受ける側に立ったら、ウソでもいいから、

「父とは近所の人が羨むほどうまくいっています。一緒にお酒も飲みますし、ゴルフにも行きます。父の好きな将棋の相手をすることもよくあります」

と答えなければならない。ただし、「父を尊敬しています」というせりふだけは絶対にご法度。身上書にも書いてはいけない。そんなことを言ったり書いたりすれば、「社会性がない」と判断され、まず一〇〇パーセント不採用にされてしまうだろう。

「じゃあ、あなたのお父さんは孔子よりも立派なのか。弘法大師よりも偉いのか。ワシントンよりすごいのか。クリントンより女にもてるのか。諸葛孔明ほど立派な方なのか。聖徳太子より能力が上なのか」

と問われたら、

「歴史に名を残した人物のほうがもちろん偉いと思いますが、身近な人物として父を尊敬しているだけのことです」

などと切り返すこともできるだろうが、「尊敬する人は父です」と答えたら最後、「この人物は社会性がない。世の中を大局的に見ることができない」と判断されてしまうと覚悟すべきである。

「尊敬する人物は?」と尋ねられたら、とりあえず、「徳川家康です」とか何とか、もっともらしく答えておくのが無難だ。それでもし理由を問われたら、「山岡荘八の小説を全巻読破しまして、家康の忍耐力に感銘したからです」とでも言えばいい。一巻しか読んでいなくて自信がない場合は、単に「読みまして」と言っておけば問題ない。間違っても、「テレビドラマで見て感動したからです」

なんて答えてはいけない。まあ、少しでも知性と教養があれば、そんなバカな答えは言わないだろうが、就職試験で「テレビで見ました」だの「週刊誌で読みました」だのと口走ったら、もう勝負あった。不合格決定である。それでも採用されるようなことがあれば、よほどボンクラな会社だと思ったほうがいい。

許せない父を許すには

いずれにしても上司・目上は父親の投影であり、その限りにおいて、上司・目上とうまくやっていける人は父親とも仲がよく、うまくやっていけない人は父親との間に葛藤があるのが普通だ。ということはつまり、上司・目上とうまくいかないからといって何らかの努力を俄《にわか》に始めたとしても、上司と自分の関係だけを視野に入れていたのでは大きな効果は期待できない、ということである。

父親の投影である上司・目上とうまくやっていくには、やはり父親に対するもつれた感情の糸を一本一本解きほぐしていくしかない。要するに、父親と仲良くなれるように、日々練習すればいいのである。ところが、実践するとなると、これが案外難しい。

酒びたりの父親、浮気者の父親、博打狂いの父親……世の中には、救いようもないほど出鱈目な生き方をしている父親が少なくないが、ヤクザな父親に限って頑固一徹、人の話に耳を貸そうとしない。実は私の父もそうだった。と言うより、私の父は〝飲む打つ買う〟の三拍子揃った、どうしようもなく出鱈目な男で、私が子供の時分、

「お父さん、もうお酒はやめてよ。それからよそに泊まらず、必ず家に帰ってきてよ。お願いだからもっとお母さんを大切にして」

と、泣きながらお願いしても、

「うるさい！　子どもは引っ込んでろ！」

と怒鳴られるのがオチで、頭を思い切りぶん殴られることだって珍しくなかった。

ことほど左様にヤクザな父親というのは自己中心的で、暴力的で、怠慢で、根性が歪んでいるものなのだが、そんな父親と生まれた時から付き合わなければならない子供はたまったものではない。父親と同じようにヤクザな性格だったら、一緒になって大酒をくらい、一緒になって女に狂い、一緒になって博打に興ずることもできるだろう。だが、素直で純粋な子供にそんな真似ができるわけがない。その素直で純粋な分だけ、心を傷つけてしまうのである。

かくして、父親との葛藤が始まり、人によっては復讐心にも似た気分を醸成することもある。そして、この葛藤が潜在意識の奥深いところに刻み込まれ、やがて社会人になった時、上司や目上に対するぎこちない態度を生みだす素地になるわけだ。

ここで一つ考えなければならないことがある。それは、父親との間に何らかの葛藤のある人はおおむね、父親に変わってほしい、生活態度を改善してほしいという願望を抱いている、ということだ。

酒を飲んで暴れるのはやめてほしい、女遊びをしないでもっとお母さんを大切にしてほしい、博打に手を出さず真面目に働いてほしい――ヤクザな父親を持った子供は一〇人が一〇人、みんなそう願っているものだが、子どもの心が純粋であればあるほど、あるいはまた父親が出鱈目であればあるほど、その願いは切実なものになる。ところが、当の父親はといえば、子供の願いなどどこ吹く風、一向に態度を改めようとしない。相も変わらず大酒飲んでは暴れ回り、女遊びは男の甲斐性だと言わんばかりにあちこちの女に手を出す。それが子供にとってどれほど辛く悲しいことか、体験した者でなければわからないかもしれないが、そうやって傷ついた心がやがて、父親に対する怨みや憎しみの感情へと変質していくわけだ。

ヤクザな父親を憎む気持ちは痛いほどよくわかる。私自身、長年にわたって父親を恨みつづけてきた一人だから、誰よりも理解しているつもりだ。だが、私の体験からいって、父親に変わってほしいと願っている限り、父親との葛藤を解消することは永遠に不可能である。どんなに性格を変えてほしい、生活を改めてほしいと願ったところで、五十、六十のオヤジが今さら変わるわけがないからだ。父親がこちらの期待通りに変わることは、まず一〇〇パーセントない。そう断言してても差し支えないだろう。

だったらどうするか。自分が変わればいいのである。

自分なりの倫理観や道徳観を捨てて、父親を理解してやる。どんなに出鱈目でダメな父親であっても倫理、道徳で裁かず、「ああ、自分の親父はもともとそういう人なんだ」と認めてしまう。自分の意見を一方的に押しつけるだけで人の話を聞こうとしない父親であっても、「そうだね、そうだね」と上手に持ち上げて、時には向かい合って酒を飲む。一緒に競馬場や競輪場へ足を運んだり、女遊びをするのはどうかと思うが、酒席を共にしたり雀卓を囲むことぐらいはできるだろう。

私自身の体験に照らし合わせて言えば、そうやって父親の出鱈目さを認め、許す以外に父親との葛藤を克服する方法はないと思う。

父親を認め、父親を許すというのは、よくよく考えれば、赤ん坊をあやす子守りのようなものである。つまり、出鱈目で自己中心的な父親は赤ん坊と一緒なのだから、赤ん坊をあやすがごとく接しながら〝父親たらし〟になるほかに、仲よくなる方法はないわけだ。

自分で言うのも変だが、大人になっても子供のような純粋な心を持ちつづけていた私の場合、ことのほか父親との葛藤が激しく、なかなか許すことができなかった。そこで、どうしたら父親との相剋を克服できるのかと、いろいろ試行錯誤した結果わかったのが、赤ん坊をあやすがごとく接すればいいんだ、〝父親たらし〟になる他ないんだ、ということだった。読者の中に私と同じように父親との関係で悩んでいる人がいたら、〝父親たらし〟になるべく、是非とも努力されたらいいと思う。

もっとも、幼いころの純粋な心も、大人へと成長していくにつれて次第に汚れてゆき、いつしか出鱈目な父親を理解できるようになるというより、むしろ父親と同じくらい、あるいは父親以上に出鱈目な人間になっていくのが普通だから、父親と仲よくする方法をくどくど語る必要などないのかもしれないが……。

上司・目上と仲よくなる法

父親と仲よくなる方法がわかったら、上司・目上とうまくやっていく方法なんかいたって簡単。そう、父親と仲よくなる方法を活用すればいいだけの話である。

以下、そのポイントを三つほど挙げながら説明したいと思うが、これは父親との葛藤を抱えている人はもちろん、そうでない人にも活用できる方法なので、大いに参考にしていただきたい。

さて、上司・目上とうまくやっていくポイントとは何かというと、

一、相手の性格を見抜く
二、相手の行動パターンを読み取る
三、相手の趣味、趣向、特技を知悉《ちしつ》する

の三つである。とりわけ一番目の「相手の性格を見抜く」ことが重要で、これだけでも完全にマスターすれば、上司・目上との関係で苦しんでいる人も一気に

問題解決。どんなにやりにくい上司・目上とでもうまくやっていけること請け合いである。

どうも上司・目上とうまくいかない、いつもぶつかってばかりいて悩んでいるという人は、おそらくこの三つの点での努力を怠ってきたはずだ。上司の性格、行動のパターン、趣味や趣向を知ろうともせず、ただ表面づらだけを捉えては、「どうもあの部長はやりにくくて困る」「うちの課長、何を考えているのか、全くわからない」などとグチをこぼしているだけだったに違いない。それでは問題はいつまでたっても解決しない。今日からでも遅くはない。さっそく、「相手の性格を見抜く」「相手の行動パターンを読み取る」「相手の趣味、趣向、特技を知悉する」努力を開始しよう。

相手の性格を見抜く

まずは「相手の性格を見抜く」から——。

十人十色と言うように、人間の性格にはいろいろある。怒りっぽい人、飽きっぽい人、コロコロ気分が変わる人、頑固な人と、人それぞれである。が、より厳密に言えば、単に怒りっぽいだけという人はいない。怒りっぽく頑固だけど気が弱いとか、むらっ気で集中力がなくいつもフラフラしているけれど、滅多やたらと明るく元気だとか、酒飲みで女狂いで博打好きなんだけど、なぜか神仏を崇敬しているとか、あるいは、ものごとを緻密に考えるタイプではないけれど、何か明るく運がいいとか、いくつかの要素が複合的に重なり合って形成されているのが人の性格というものである。

あなたの上司だって、きっとそうだろう。「上司の性格を一言で表現しなさい」と言われたら、「うーん、短気で起こりっぽいんだけど、けっこうやさしいところもあるし……。真面目で陰気な感じなんだけど、意外とジョークが好きだったりするからねえ……。とても一言では表現できないなあ」などと、考え込んでしまうはずだ。

そういう複合的な要素で形成されている性格をいかに見抜くか。そこに上司・目上とのコミュニケーション能力を高める第一歩があるのだ。

そこでまず、自分の上司はどういう性格をしているのだろうと、つぶさに観察する。その結果、元気で明るくスポーツ好きなんだけど、浮き沈みが激しくむらっ気で、いったん落ち込むとなかなか浮かんでこないタイプであることがわかったとする。まあ、上司・目上の性格分析ぐらいは誰でもやっていることかもしれないが、問題はここからである。

さて、上司・目上の性格を見抜いたらどうするか。結論から先に言えば、「性格なんだからしょうがない」と諦めてしまう。これが、上司・目上とうまくやっていく唯一にして絶対の方法なのである。

あなたの上司はサイ？それともキリン？

私はよく、人間関係を動物に置き換えて話をすることが多いが、例えば、アフリカに行くとサイという動物がいる。頭にでかい角を二本突き立てている姿は見るからに恐ろしげだが、その実、バカの一つ覚えみたいに真っ直ぐに突進するだけで、小回りが利かないという弱点を持っているのがサイだ。そのサイに、「おい、お前、一〇〇メートル全力で突進し、そこで九〇度曲がれ」

と命じたところで、曲がることができるだろうか。サイは真っ直ぐに突進する性格の動物なのだから、そんな芸当、できるはずがない。

アフリカの草原には、首が滅多やたらと長いキリンという動物もいる。背丈の高い木の葉っぱを食べるのに便利だし、襲ってくる敵を早く発見できるから、キリンの首はあんなに長いのだという。そのキリンに、

「おい、お前、地面に落ちているゴミを拾え。それに、お前、キリンなんだろう。だったら、たまにはビールを飲め」

と命じたところで、ゴミを拾うことができるだろうか。ビールを飲むことができるのだろうか。キリンの首が長いのは地面のゴミを拾うためではないのだから、そんな芸当、できるわけがないし、キリンは草を食べる動物だから、キリンという名前だからといってビールなんか飲めるわけがない。

真っ直ぐにしか突進できなくても、地面のゴミを拾えなくても、ビールを飲めなくても、自力で餌を確保しようとするだけ、サイもキリンも偉いし立派だ。決して非難するに当たらない。それに比べて、他の人が捕えた獲物を横取りしようと狙ってばかりいるハイエナなんか最低の〝人格〟だ。

あのハイエナ、自力で獲物を捕まえられないわけでは決してない。立派なキバがあるのだから、やる気になれば小動物の一匹や二匹、いつだって倒せるはずだ。それでも、根が怠け者なのか、リスクを恐れるのか、敵と格闘して獲物を捕えるようなことはせず、ライオンや豹が獲物をたおすところをジッと窺いながら、隙あらば横取りしてしまおうというのだから、品性下劣、人間の世界でいえばコソ泥か詐欺師のようなものだ。

品性下劣という点でいえば、コンドルも負けてはいない。自力で獲物を捕らえようとはしないところはハイエナと一緒だが、コンドルは他人さまの獲物を横取りすることもしない。ただひたすら上空を旋回しながら、ライオンやハイエナなどが食べ残したと見るや、サッと舞い降りては残骸を食べ尽くすだけ。このコンドル、人間の世界でいえば、差し詰め物乞いといったところだ。

そんなハイエナやコンドルに向かって、

「おい、お前たち。他人さまの餌を盗んだり横取りするなんて、動物として最低だぞ。自分の餌ぐらい自分で捕って食え。ちゃんと働け」

と言ったところで、何の意味もない。彼らはもともとそういう習性なのだから、人間の倫理や道徳で彼らの行動を批判するほうがおかしいというもの。それに、ハイエナやコンドルのような〝清掃請負人〟がいなかったら自然界のバランスも乱れてしまうのだから、ハイエナはハイエナなりに、コンドルはコンドルなりに、獲物を横取りしたり残骸を食べ尽くすことで、与えられた役割をきちんと果たしているのである。

今西錦司さんあたりによると、これを棲み分けの理論と呼ぶのだそうだが、いずれにしても、さまざまな習性の動物が存在することで彼らは共存共栄することができ、自然界のバランスも保たれているわけだ。

性格だからと諦める

まあ、そういうことで、上司・目上と上手にコミュニケーションを図ろうとするなら、何はともあれ相手の性格を見抜くこと。これが最初の一歩である。

「うちの課長は部下に命令するばかりで、自ら手を汚すタイプじゃない。まるでコンドルみたいだ」

「彼はサイだ。明るく元気なうちは猪突猛進するんだけど、いったん落ち込むとなかなか回復しない。小回りの利かないサイとそっくりだ」

「ふんふん、うちの部長は一見温厚に見えるけど、その実、内に激しいものを秘めていて、けっこう執念深いところがありそうだな。下手に反対意見を言おうものなら、後々まで恨まれることになるぞ」

そうやって性格を見抜いたら、次にどうするか。前述したように、「あれは性格なんだからしょうがない」「性格だから変わらない」と思って早く諦めること、これが上司・目上とのコミュニケーションを図る上で一番大事なのだ。

なぜ、上司・目上に腹が立つのか。その腹が立ったりガッカリしたり、虚しさや憤りを感じるのか。なぜ、上司の言動にガッカリするのか。なぜ、虚しさや憤りを感じる情感の奥に何があるんだろうかと考えたならば、上司・目上に対する期待感がある。これがクセものなのだ。

もっとやさしく言ってほしい、上司なら上司らしく振る舞ってほしい、いざという時には責任を取ってほしい……誰だって上司・目上に対する期待、願望というものがあるが、その期待感を持っている限り、上司・目上とはうまくいかないのである。

「係長、背丈の高い木の葉ばかり食べてないで、もっと地面に近いところの草を食べるべきではないですか。たまにはゴミでも拾ったらどうですか」

「課長、直進ばかりしていないで、たまには左右を見たらどうですか」

「部長、なぜ部下に命令するだけなんですか。たまには自分で動いたらどうですか」

　などと、キリンに言ってもしょうがない、サイに言ってもしょうがない、ハイエナに言ってもしょうがない、コンドルに言ってもしょうがないのと同じように、上司・目上に言ってもしょうがないのである。

　ワニにしたって、なぜあんなに口がバカでかいのか。ご存じのようにワニは水陸両用で、魚はもちろん羊でも牛でも何でも食べる。口がでかいのはそのためであって、もし、ワニの口が小さくて、何でも食べるという適応能力がなかったら、今日まで生き残っていなかっただろうといわれている。そのワニに、

「おい、ワニ。地面を這ってばかりいないで、直立して歩け」

　と言ったところで、歩けるわけがない。

「わしは出口ワニ三郎じゃないんだから、人間のように歩けるわけないだろう」なんて言うはずはないが、ワニはワニであって、直立して歩くことなど、逆立ちしたってできるわけがない。

人間も同じである。「上司なんだからこうあるべきだ」「目上なんだからこうすべきだ」と期待しても、叶うわけがない。そこでついつい、腹が立ったり、がっかりしたり、悲しくなったり、虚しくなったりするわけだ。

上司・目上に対する期待感を捨てろ

サイにはサイの習性があるように、キリンはキリンの習性があるように、ハイエナにはハイエナの習性があるように、上司には上司の習性があって、それは永遠に変わらない。部下が文句を言ったところで変わるわけがない。四〇年、五〇年生きてきた人が、「あなたの性格、ここを直したほうがいいよ」と忠告されたところで、おいそれと直せるわけがない。年を取れば取るほど、石膏で固めたみたいに頭も性格も固くなるのだから、変わることなど絶対にない。だったら、自分が変わるしかない。「浮き沈みの激しいところを直してほしい」なんていう望みを捨てて、相手の性格に自分を合わせたほうが、問題がずっと早く解決するし、相手に合わせていく分、人間としての幅が広がるというものである。

それがじつは、大人になるということなのだ。その諦めと悟りの境地に立ってはじめて、人間は大人になれるのである。

ところが、大人になり切れず悟りの境地に立てない間、すなわち性格だからしょうがないと諦め切れず、何らかの期待感がある間は、腹が立つし、虚しく感じるし、悲しくもなる。まあ、ピュアと言えばピュアではあるけれど、まだまだ子供、単純なだけ、と言ったら言い過ぎだろうか。

いずれにせよ、上司・目上に対する期待感がある限り、スムーズなコミュニケーションは難しい。どんなに上手に表情を繕おうが、言葉を操ろうが、ハートの奥に眠っている感情は隠しようがなく、知らず知らずのうちに顔に出てくる。当然、相手もそれを察知する。その結果、相手に警戒心を抱かせることになり、その分、コミュニケーションもどこかぎこちなくなる。

だから、ハートの奥を変えない限り、絶対に上司となんてうまくいかない。外見上は調子よく振る舞っていても、おなかの中ではブツブツブツブツと文句を言っていたのではストレスが溜まるだけである。繁華街の居酒屋は、

「あいつは何だ、公私混同してるんじゃねえか」

「ふざけるなって言うんだよ」

「それに、俺達に対するあの言い方。あれはないぜ」

「本当に許せない奴だ。ところで、お前知ってるか？　あいつ、部下の女の子と不倫してるんだぜ」

「そんなの誰でも知ってるよ。あれ、『失楽園』を見てからだという話だぜ。いったい何様だと思っているのかって言ってやりたいよ」

などと、愚にもつかない不満と愚痴を延々と語り合うサラリーマンでいっぱいらしいが、彼らのようになりたくなかったら、上司・目上に対する期待感など、さっさと捨ててしまうに限る。

上司はもう本当に気分屋で、公私混同はするし、どうしようもない奴であったとしても、ハートの奥の期待感をなくしてしまう。すると、「ああ、そういう人なんだなあ」と、ごく自然におつき合いができるし、相手も、「おっ、こいつは

何か、自分に好意を抱いてるんじゃないか」と思ったりする。つまり、ハートの奥は以心伝心で相手に伝わるわけで、期待感をなくせばなくした分だけ、相手も可愛がってくれるものなのである。

いずれにしても上司・目上に対する期待感は早く捨てるべきだ。期待感を抱いているうちは腹は立つわ、イライラするわで、健康にもよくない。反対に、期待感をなくすと相手を心から理解できるから、腹が立たないし、虚しくならないし、反抗的にもならない。

「ああ、上司はサイだったんだ。サイなんだから、真っ直ぐにしか進めなくて当然だ。小回りが利かなくて当然なんだ。それなのに、ライオンのようであってほしいと望んだ自分がバカだったのだ」

「ああ、上司はキリンだったんだ。だから、上ばかり見ていたんだ。それをワニのように地面を這ってほしいと思っていた自分が愚かだったんだ」

人間の成長とは、実はこうした行為の積み重ねによって、知らず知らずのうちになされるものなのだ。

仏教で言う諦観とは何か

上司・目上との関係といっても、ポイントはたったそれだけのこと。それを悟るのに、私も長い年月がかかった。それはもちろん、私の父が桁外れに問題の多い人だったからだが、その父も既に逝ってしまった。父を亡くした今、つくづく思う。命あるうちに父に対する期待感を捨てることができて、本当によかった、と。

かつての私は、父に対していつも期待していた。

「お父さん、お願いだからお酒を飲むのをやめてよ。飲めばまた暴れるんだから」

「お父さん、お願いだから家に帰って来てよ。もっと家庭を大切にしてよ。もっとお母さんを大切にしてよ」

「お父さん、お母さんが可哀そうだから、博打をやめて真面目に働いてよ」

しかし、私の期待が叶うことは一度もなかった。それどころか、諫言《かんげん》するたびに殴られたり、蹴飛ばされるだけだった。ところがある日、気が付いた。「ああ、お父さんは化け物だったんだ。化け物は化け物としての生涯があるんだから、あの性分は一生、直らないんだ。直してほしいなんて期待しても無駄なんだ。倫理、道徳で裁いたところで、何の意味もないんだ」と。

そう悟った瞬間、全てのわだかまりが露のように消えていったから不思議だ。

「ああ、またグズグズ文句を言っている。けれど、あれがお父さんの性分なんだ。元気な証拠なんだ」

そんなふうに思えるようになると、これまた不思議なことに、父が、

「おう、お前も最近、ずいぶんと大人になったな」

と言うようになった。

「何を言っているんだ。大人になったんじゃない。諦めただけなんだ。本当は悲しいことなんだ」

と言い返してやりたかったが、もちろん、そんなこと言えるわけがないし、言ったところで意味がない。何しろ相手は化け物なのだ。

これが、諦めるということ、すなわち期待感をなくすことであり、それが相手への理解につながる。その結果、心が穏やかになる。イライラしなくなる。常に

平安な心でいられる。仏教で言う悟りの境地とは、こういうものであるはずだ。

ちなみに、仏教で言う諦観とは、諦めて観る、と書く。諦めて周りを観てみると、物事の本質が明らかになる。だから、諦観とは明らかにすることであり、相手の性格を明らかにするためにも、早く諦めること、これが大切だ。

「部長が短気なのは性格だからしょうがない。公私混同するのも性分だからしょうがない。言ってほしくないことを、言ってほしくないときに、言ってほしくない場所で、言ってほしくない回数だけ、してほしくないような顔つきで言うのも、そういう性格なんだからしょうがない」

と考えて、上司・目上の言動にいちいち腹を立てないことである。

倫理、道徳で裁くな

とにかく、上司・目上とうまくやっていくには期待感を捨てる他ないのだが、その期待感の奥を探ると、ヤクザな父親に対する感情と同じく、倫理観や道徳観がある。

不倫なんかしてはいけない、部下は平等に扱うべきで依怙贔屓《えこひいき》はいけない、率先垂範して手本を示すのが上司たる者の務めである……といった倫理観、道徳観があるから、それに反する上司・目上がいると腹が立ったり、義憤に駆られたりするわけだ。その傾向は一般に、ピュアで純粋な人に特に強いのが普通だが、上司・目上とうまくやっていきたいのなら、倫理、道徳で人を裁く心を捨てなければいけない。

無論、倫理、道徳は大切だし、人間社会に必要なものではある。だが、それは本来、自分自身を律するためのものであって、自分もちゃんと倫理、道徳を守っているんだから、人もそうあるべきだと期待したところで何の意味もない。それで相手の言動が変わることなんて、絶対といっていいほどないのだから、ガッカリしたり虚しくなるだけである。

では、どうしたらいいのかというと、天に任せるしかないというのが私の考えである。倫理、道徳に反していたら、天が裁く。だから、自分は裁かない。そういうふうに決めるわけだ。

たしかに倫理、道徳は必要である。しかし、よくよく考えたら、倫理、道徳の基準は時代と共に変化しつづけるものであって、例えば不倫一つとってみても、今は不倫はいけないと言っているけれど、平安時代なんか、あっちこっち不倫だらけだった。和泉式部なんて、五回も六回もびっくりするようなことをやっていたが、それが日記文学という一つの文学形式を生み出したわけだ。もしあの時代、不倫を不道徳なもの、倫理に反するものとして人々が排斥していたら、『和泉式部日記』も『源氏物語』もきっと成立していなかったに違いない。

そのように、倫理、道徳といっても時代によって異なるのだから、必要以上にこだわらないほうがいい。だからといって、出鱈目にやっていいというわけではないが、倫理、道徳はあくまでも自分自身を律するもの、他人に押しつけるものではないということを忘れないようにしたい。

上司・目上への理解が第一

倫理観、道徳観というのはだいたい、本人の思い込みであることが多い。一五歳の頃からピュアな信仰心を持つようになった私の場合もそうだった。

前述したように、私の父は飲む、打つ、買うの三拍子揃った人だった。しかも、特攻隊の生き残りで、一再ならず死を覚悟した人だから、全身から醸し出される迫力といったら半端じゃなく、どんなヤクザ者も父の前では小さくなってしまうほどだった。その分、子供にとってはやりにくい人であり、とりわけ信仰心を持っていた私にとって、飲む、打つ、買うの父はとても許せる人ではなかった。

その父との葛藤が若い頃の私の悩みだったのだが、父に対する期待感をなくし、父を許せるようになったのは、私が三〇代に入ってからのことであった。

父は、中一のときに母親を結核で亡くした。それからは男手一つで育てられることになったのだが、その父親は千人斬りの人で、家には滅多に帰ってこない。そこで父の妹が掃除、洗濯から食事の準備まで全てを切り盛りすることになったものの、何分にも両親不在の家庭である。それが父の性格形成に大きな影を落としたであろうことは想像に難くない。

やがて青年期を迎えると、父は特攻隊に志願する。毎日毎日、死と向き合いながらの猛訓練に明け暮れ、いよいよ明日出撃というときに終戦。敗戦に打ちひしがれて、重い足取りで西宮の実家に帰ってくると、そこにはさらなる仕打ちが待っていた。何と、見も知らぬ女性が父親の後妻として収まっていたのだ。しかも、既に子供までつくっていたのだから、父のショックはいかばかりであったか。

その女性は、厳密に言えば父親の三号さんだった。母親が存命中、さんざん不倫しまくった二号さんとは手を切り、別の女性とまた不倫して、子供をつくった挙句、とうとう籍まで入れてしまったのである。

はじめて私が父のことを理解できたのは、そんな父の育った環境、そして戦前、戦中、戦後の社会背景を考えあわせた時である。

「ああ、こんな性格になるのも無理ないな。無茶苦茶な人だけど、育った環境を考えれば、よくやってきたほうだ。ピュアによくやってきたほうだ」

子供のころは、父がなぜ無茶苦茶なことをやるのか、よくわからなかった。と言うより、理解しようという気になれなかった。だから、反抗的になったのだが、年齢を重ねると共に父の育った背景が少しずつ理解できるようになり、期待感を捨て、倫理、道徳で裁くこともなくなった。

性格を見抜くというのは、そういうことなのである。五〇年、六〇年生きてきた人の性格は今さら変わらない。父親も変わらないし、上司・目上も変わらない。

だから、父親や上司・目上とうまくやっていこうとするなら、自分が変わるしかない。

そうやって自分自身が変わったら、父親を、そして上司・目上を超えられるわけだ。そういうふうに考えないと、いつまでもいがみ合っているだけで、上司・目上を越せない。

父親を超えられれば上司・目上を超えられる。父親を超えているのに上司を超えられないという場合は、父親より上司のほうが上手で、屈曲しているわけだ。その屈曲している性格を、いち早く見抜くこと。くどいようだが、これが上司・目上との関係をよくする最大のポイントなのである。

上司・目上は変わらない、だったら自分が変わったほうが早い

とにかく倫理、道徳で人を裁いてはいけない。不倫をしている上司・目上に向かって、部下が「不倫だ、不倫だ」と騒いだところで、上司が不倫をやめるわけがないのだから、いつまでもああだ、こうだと騒ぎ立てるのはエネルギーを損失

するだけ。裁きは天に任せて、自分は裁かないほうがいい。空出張をしたり不倫をなさるという性格でしょ、と割り切ればいいのだ。別段、騒ぎ立てるほどのことではないだろう。

世の中、悪人と言えるほどの人はあまりいない。一日一人、人を殺さないと寝つけないという人がいるだろうか。そんな悪人がいたら、すでに監獄に収監されているはずだ。同様に、善人といえるほどの人もあまりいない。ほとんどの人が、ちょい悪かな、ちょい善かなといった、まあまあのレベルで、大した悪人もいなければ、大した善人もいないというのが社会の実像である。

ところが、部下にしてみれば、そのわずかなところがとても気になる訳だ。だから、まず、そういうふうに気にしている自分を変えなければいけない。変えられなければ、目に見えないハートの奥が相手に伝わる。ハートの奥が伝われば、上司・目上に可愛がられないだろうし、引き立ても受けられない。

くどいようだが、上司・目上は変わらない。だから、自分が変わる。自分が変われば、変わった分だけ上司・目上を超えることができる。あるいは、上司・目上を上手に使いこなすことができる。そしてまた、上司・目上と仲よくできる。

ここのメンタルな面を超えることが、まず一番大切なところなのだ。

人間、もっと大人にならなければいけない。世の中にはもっと大きな悪があるし、もっと大きな問題点がある。自分の器をもっと大きくし、地位と資金と組織力を持ったらいくらでも善ができるわけだが、そうするまでには、上司・目上を御して克服していかなければならない壁がある。この壁を越えない限り、世の中で大きなことができるわけがない。地位もなく財産もなく権力もなく、組織力がない人間が世の中で何ができるというのだろうか。上司・目上を上手に使いこなせず、たかだか二〇人や三〇人、あるいは五〇人や一〇〇人のコミュニティの中で出世できないような人間が、世の中にどれだけの影響力を持てるというのだろうか。

そのちっぽけな自分が超せない。自分という人間がしがみついている我や殻を打ち破れない。自分なりのつまらない見識や価値観、あるいは倫理観、道徳観を持っているがために、それが壁になって成長できないわけだ。これが学生が社会に出てまずぶつかるところだし、中途半端な正義感のある人間が上司とぶつかるところである。

では、性格も行動も全てが立派という上司が揃っている会社があるのかと考えたら、そんな会社などあるわけがない。どこのコミュニティに行っても変な人ばっかりいる。最初はいい人だなあと思っても〝なくて七癖〟で、しばらくしたら嫌な面ばかり目につくようになる。会議のときには五、六発おならをしてからでなくては話ができない人とか、必ずいる。まあ、おならをするくらいならまだいいほうで、ノートやカバンをバーンと投げつけないと会議が始まらないとか、会議では黙っているけどあとで陰口を言うとか、いろいろな人がいる。

だから、ついつい上司・目上の癖や性格が気になってしまうのだろうが、気になってしょうがないというような人は、結婚しても奥さんの性格が気になって長く続かないし、友達とも長続きしない。逆に、気にならない人は誰とでもうまくやっていける。

「まあ、欠点と言えば欠点だけど、まあいいところもあるからね」

「気になると言えば気になるけど、そんなもんじゃないの、人間って」

そういう人は、どんな人とでもうまくやっていけるし、どんな上司・目上とでもうまくやっていける。うまくやっていけない人は、わずかな癖や性格が引っかかって、結局、誰とでもうまくいかない。父親との関係も全く同じで、父親の性格が許せないという人間は、上司の性格も許せない。じゃあ、当人の評価はというと、周囲の誰もが「あいつは許せん」と言っていたりする。

その自分の壁を、修養のつもりで越さなければいけない。これが克服できないと、上司や目上と付き合う方法をいろいろ頭で考えたり、本を読んで勉強しても、うまくやっていけるはずがない。上司・目上とうまくやっていけないという人は、そこが越えられない人なのである。それが克服できたら、すべての上司が自分の味方になってくれる。すべての上司が味方になってくれるということは、社会が味方だということである。

では、社会を動かしているのは誰かといえば、産業界にしても政界にしても、だいたい五〇代から六〇代の人たちが中心。だから、五〇代、六〇代の人たちから見て、「こいつはいい男だな。なかなか見どころのある男だな」と映る自分にならないと、引き立ては受けられないのだが、年齢が高くなればなるほど頑固で屈曲しているし、高くなればなるほど性格は変わらない。ということは、自分が変わるしかない。そうする以外に方法はないのだ。

これは、私が父親との葛藤の中で会得したことだが、上司・目上との関係でも事情は全く一緒。上司は堅くて頑固で偏屈で、絶対に改まらなくて屈曲していると考えて間違いない。

ああ言えばこう言うし、こう言えばああ言う。例えて言えば、ウニとクラゲとウツボとワニと天狗と龍と稲荷とキリンとハイエナとコンドルを足した、化け物のような性格。それが上司・目上というものだと心得ておけば、諦めもつくし期待感をなくすことができるはず。

「あっ、このあたりはコンドルだな。あっ、キリンが出たな。あっ、これはキツネだな、あっ、ワニだ」

と、瞬間にすべてを見破って、上手に扱っていったほうが勝ち。この第一の「性格を見抜く」ことが一番大事なのである。

相手の行動パターンを読み取る

次に、上司・目上とうまくやっていく第二のポイント、「相手の行動パターンを読み取る」について語ってみたい。

これは、第一の「相手の性格を見抜く」に関連していることだが、上司・目上に限らず、人の行動には必ず一つの定まったパターンがある。食事の前には必ずイライラするとか、食事の後は必ず愚痴が始まるとか、酒を飲んだら狂い始めるとか、その人特有の行動パターンがある。それをいち早く察知することができれば、上手なお付き合いができるだろうし、スムーズで麗しい人間関係を築くことができるだろう、というのがこの第二のポイントの趣旨である。

例えば、お酒の席で仕事の相談をすると、「うん、いいんじゃないの、いいんじゃないの」と言う上司・目上がいたら、「ははーん、この人はお酒を飲んだあとなら何でも聞き入れてくれるんだな」と素早く読み取る。逆に、お酒を飲むと荒れる上司・目上なら、「お酒が入った時には重要な話はしないほうがいいな」と、すぐさま察知する。それが「相手の行動パターンを読み取る」ことなのだ。

一口に上司・目上といっても、朝方は気難しいけれど、お昼ご飯を食べると急に機嫌がよくなるとか、朝方は機嫌がいいけど、夕方に仕事の相談をすると、「いや、あとにしてくれ」「ごちゃごちゃ言うな」と嫌な顔をするとか、いろいろな行動パターンがある。中には、部長に会うと半日ぐらいショボーンとしているという変な課長なんかがいる。そういう時にはもう〝触らぬ神に祟りなし〟で、近寄らないに限る。あるいはまた、奥さんとよく夫婦喧嘩をする部長がいて、

「部長、お元気ですか」

「いや、ちょっと女房とやり合ってね」

「またですか」

と計算してみたら、だいたい一ヵ月に二回だった。そこで、「ははーん、満月の日が危ないなあ」というふうに分析して、満月が近くなると、「部長、またやり合うぞ」と気をつける。女性の上司の場合にはまた別な計算方法があって、「ああ、このあたりはまたイライラするな」とか「このあたりは落ちつくな」とか、必ず何らかの行動のパターンがあるわけだ。

それについて板坂元という学者が、たしか講談社の学術文庫だったと思うが、その中で、頭の善し悪しというのは、ものごとの法則性を捉える能力があるかどうかで決まるんだ、というようなことを言っている。

仮に、しょっちゅう夫婦喧嘩をする両親のことで頭を悩ませている娘さんがい

るとする。この場合、その娘さんがもし頭脳明晰であったなら、すなわち喧嘩の法則性を見抜く能力があったら、きっと両親の喧嘩を注意深く観察して、喧嘩の原因を探り当てることができるだろうし、何らかの対策を講じることも可能になる。例えば、お父さんは帰宅すると、いつも決まったように「お風呂！」と一言発し、お風呂が沸いていればニコニコしながら湯船に浸かるんだけれど、お風呂が沸いていないと怒る。夫婦喧嘩はいつもそこから始まるという法則性を発見したら、お父さんが帰ってきそうな時刻になったら予めお風呂を沸かしておけばいいんだ、という対策が講じられる、というわけだ。

「お風呂！」

「沸いていますよ。ちょっと冷めてしまったけど、沸かしますか」

「うん」

というふうに、お風呂が沸いているときには機嫌がいいけど、沸いていないときには機嫌が悪く、夫婦喧嘩の九九パーセントはそこに起因しているという法則性。それを見出すことが人間の叡智、賢さなんだということを板坂元という人が書いているのだが、彼が指摘するまでもなく、人間の行動パターンはだいたい決まっている。夫婦喧嘩にしても、お風呂が原因で喧嘩を始める夫婦とか、満月の日になると喧嘩をする夫婦とか、一定のパターンがある。その行動パターンを素早く読み取って、相手の喜ぶようなことをする。最低、機嫌を損ねるようなことをしない。これも上司・目上と仲よくやっていく上で非常に重要なポイントであるのは、改めて強調するまでもないだろう。

相手が怒り出すパターンを読み取れ

人間誰しも性格に癖があるように、行動にも癖がある。特に怒る時には、その人の内面に隠された癖が出やすい。例えば、名前を呼んだ時に憮然とした表情で「はい」なんて返事すると、必ず怒り出す人がいる。

私の知り合いの声楽家の先生もその一人だ。いつもぷりぷり怒っているので、ある時尋ねてみた。

「先生、なぜいつも怒っているんですか」

「いえね、最近の若い人には挨拶一つできないのが多くてね……」

それを聞いて、「ははーん、この先生は挨拶をしないと怒るんだな」と、すぐさま行動パターンを読み取ったのだが、挨拶をしないと怒り出す人は彼だけではない。とりわけ芸能界にそういう行動パターンの人が多いようだ。

例えば、私が親しくさせていただいている歌手の三田明さん。彼は非常に穏やかな人で、滅多に怒ったりしない人だが、それでもたまに怒ることがある。なぜ怒ったのかと観察していると、やはり、「ロクな挨拶もできないで」と憤然としている。同じく親しくおつき合いさせていただいている俳優の長谷川初範さんも時々、「挨拶もしないで」と怒っている。

どうやら、ああいう音楽とか芸術、お芝居の世界では、挨拶がきちんとできないと上司から睨まれるらしい。その理由は、部外者の私にもだいたい想像がつく。お芝居にしてもオペラにしてもオーケストラにしても、自己表現の世界だからだ。誰もが「われこそ最高のミュージシャンである！」「われこそ最高を極めた芸術家である！」と思っている。それが芸術の世界だ。その中にあっては、「おはようございます。本日もよろしくお願いいたします」「ありがとうございました」という挨拶ができないというだけで、「あいつはダメだ」と叱られるのも当然かもしれない。

「こういう業界では、挨拶ができないとダメなんだよねえ。東州さん」と、声楽家の先生がおっしゃっていたが、そうであるならば、挨拶を欠かさぬよう努力したらいいわけだ。どんな時でも「おはようございます」「ありがとうございました」「失礼いたします」と、きちんと挨拶していれば、「ああ、あいつはなかなかいいんじゃないか」という形で、特別な引き立てを受けられるかもしれない。

挨拶しないと叱られるのは、芸術の世界に限ったことではない。会社だって挨拶ができなければ、ダメ人間の烙印を押されてしまうのが普通だ。

挨拶の他では、態度が横柄であるとか、仏頂面でモノを言うというのも、上司のウケがよくない。いや、上司だけではない。同僚、部下からも嫌われる。仏頂面、横柄な態度は自分自身を孤立させるだけである。

私自身の体験を言えば、サラリーマン時代、上司に報告する時には、私はいつも意識的に目を輝かせ、ニコニコ笑顔を絶やさないように心掛けていた。

「今日の訪問先ではこういうことがありました！」

と、キラッと目を輝かす。そして、報告が終わる時には必ず、

「ありがとうございました。おかげさまで、行動指針がまた一つ明確になりました」

という感謝の言葉で締めくくる。その際、相手の目は見ない。目を見ると猿でも怒ると言われているから、鼻のてっぺんあたりを見ながら、ニコッとお礼の言葉を述べる。「あっ、いいね。彼は非常に感じのいい子だね。好青年だね」と、実力以上の評価をいただくことができたのは、そうした心掛けのおかげである。

いずれにせよ、組織で生きる人間にとって仏頂面は厳禁。ふてぶてしい態度、ふてくされた態度も禁物である。それから目線を逸らすのもよくない。とりわけ上目づかいは嫌がられる。

仏頂面、ふてぶてしい態度、ふてくされた態度、上目づかい……加えて挨拶ができないとなったら、上司・目上から睨まれること間違いなし、である。そんなことにならないためにも、鏡を見て、人に嫌な感情を抱かせるような暗い表情をしていないか、目つきが悪くないか、つねに確認するようにしたいもの。組織人であるなら、最低限、その程度の努力は惜しむべきではない。

それともう一つ、先輩たちの行動パターンを研究すること、これも忘れてはならない大事なポイントである。上司とうまくやっている先輩、上司から睨まれている先輩。その違いを徹底的に研究して、成功するパターンを真似ればいいわけだ。上司・目上とうまくやっていけないというのは、そのパターンを読み取る努力を怠っているからである。

相手の趣味、趣向、特技を知悉する

第三のポイントは、「相手の趣味、趣向、特技を知悉《ちしつ》する」。これももちろん、第一の「性格を見抜く」、第二の「行動パターンを読み取る」の延長線であるが、人にはそれぞれ趣味、趣向、特技というものがある。

例えば、ゴルフが異常なくらいに好きな人がいる。毎週、土日にはゴルフ場へ行ってプレーしなければ気がすまず、ゴルフの話になるともう止まらないという人の一人や二人、どこの職場にもいるものである。

「部長、最近、こんなゴルフクラブが出たらしいですね。セイコーのつくっているSヤードっていうのが」

「おっ、Sヤード知っているのか。わし、買ったんだよあれ。いやあ、飛ぶねえ、あれは。ダンロップから変えたら、四〇ヤード以上、飛距離が延びたよ」

釣りが大好きな人も、話し始めると止まらない。

「この間、私、釣りに行ってきたんですよ。カンパチを狙ったんですけど、どういうわけかヒラマサばかりかかったんですよ」

「えっ、ヒラマサを釣った！　わしもこの前の休日に大島へ行ったんだけど、ヒラマサなんか釣れなかった。その代わりスズキを釣ったよ、スズキを」

私自身、非常に多趣味で、ゴルフもやれば釣りもやる。スキーもやればヨットも乗馬もやる。マージャンはやったことがなかったけれど、最近、少し覚えた。

なぜ私がそんなに多趣味な人間なのかといえば、他でもない。趣味が多ければ、それだけ多くの人とお付き合いができるからである。もちろん、自分も楽しんではいるが、目上の方と仲よくなるには趣味を持ったほうがいいと考えているから、これまで馴染めなかったマージャンも覚えるよう努力したわけだ。

上司・目上とうまくやっていこうと思うなら、やはり趣味は多いほうが得策というものである。マージャンができないと、やっぱり仲間外れにされるし、ゴルフはどうも好きになれないとなると、ゴルフ好きな上司とは自然と疎遠になる。どうせゴルフに行くのなら、気心の合う部下と行きたいと思うのが自然な感情というものである。

逆もまた真なりで、日頃少しばかり仏頂面で鬱陶しいやつだと思われていても、ゴルフの話になると、

「君、ニューイングという球を知っているか。何でも、ニューイングというのはすごく飛ぶらしいぞ」

「えっ、ニューイングですか。ぼく、持っていますよ」

「何? お前持っているのか。わしに一つよこせ」

といった具合に、趣味を通してお近づきになったり、可愛がってもらえることもあるのだから、上司・目上の趣味、趣向、特技を詳しく知って、下手でもいいから趣味を持つことだ。

上司・目上の趣味に付き合え

人間、どんな人にも得意な分野がある。その得意な分野に水を向けると、それまで閉ざしていた心をパッと開いてくれることがある。

今からおよそ一〇年前、オーストラリアへ事業進出した時のこと。現地の代理人を相手にいろいろと事前調査を始めたのだが、どうもしっくりこない。これから協力して事業を展開していこうというのに、どこかよそよそしく、話もはずまないし、仕事も進まない。一体なぜなのだろう。不思議に思って、オーストラリアの事情に詳しい知人に相談したところ、その知人が言うには、オーストラリア人に限らず、外国人は一緒に遊びをしない限り、友達として心を開かないんだとか。それがわかってからである、ゴルフや釣り、ヨットといった遊びを覚えるようになったのは。

それまでの私はといえば、真面目一方の人間で、そういう遊びや趣味に興ずることにある種の罪悪感を感じていた。だから、周囲の人がゴルフを始めても、マージャンに誘われてもあえて避けて、なるべく触れないようにしてきた。

ところが外国では、私のように趣味のない人間は友達もできないし、仕事のパートナーにも恵まれないというのである。それを聞いた時の驚きようといったらなく、まるで目から鱗が落ちるようだった。

かくして私もゴルフをはじめとするさまざまな趣味に手を染めるようになったのだが、まさに知人の忠告通りだった。欧米人と組んで共同事業をやったことのある人なら先刻承知のことと思うが、彼らに向かっていきなり仕事の話を切り出したら、まずうまくいかない。相手が日本人の場合は、金利はいくらにするとか、契約はどうするとか、すぐに仕事の話になる。ところが、欧米人はそうではない。

「この間、ホリデーでフィジーに行ったんだ。フィジーの海、最高に美しかったよ。次のホリデーはバリ島へ行くんだ」

といった話をいつ尽きるともなく語り合い、その結果、こいつは楽しい奴だな、一緒に仕事をしていて面白い奴だな、という印象を与えられたときにはじめて、パートナーとして認められ、仕事がスタートするのである。

そうした外国人のメンタリティーと共通した一面を持っているのが、上司であり、目上という存在である。一度でも上司の立場に立った人ならわかるはずだが、趣味と趣向の合う部下と一緒に仕事をすることほど楽しいものはない。それとは反対に、趣味の合わない部下、無趣味な部下は本当にやりにくい。互いに通じるのは仕事の話だけで、一緒にゴルフをやる訳でもなければ酒を飲むわけでもない。仕事を離れればまるで他人同士というのでは、たとえ礼儀正しく、きちんと挨拶のできる部下であったとしても、胸襟を開いて付き合うというところまでは行かない。

やはり、上司・目上とうまくやっていくには、何らかの趣味は持つべきだろう。それも、上司・目上と同じ趣味なら最高にいい。

上司・目上の趣味はだいたい決まっている。まず一般的なのが酒。稀に下戸の上司もいるが、上司・目上とのお付き合いには酒はつきものである。酒の次となると、ゴルフ、マージャンといったところだろうか。その次あたりが釣りか囲碁、将棋。最近では盆栽の手入れが趣味だという人が増えているらしいが、一番ポピュラーなものといえば、まあ酒かゴルフだろう。

だから、下手でもいいから絶対にゴルフはやるべきだし、下手でもいいからマージャンにつき合わなければいけない。また、酒席に誘われたら喜んでついていていくべきである。中には、「お酒は飲めませんから」と断る人もいるが、それではいけない。体質的にお酒が飲めないのであれば、酔ったふりをしながら話だけでも合わせるようにしたい。そして、ときには「二次会、三次会にもお供しますよ」と言えば、どんな上司にも可愛がられるはずだ。

上司・目上に対しては、まず性格を見抜く。次に行動のパターンを読み取り、趣味、趣向、特技を知悉して、可能な限り同じ趣味を持つ。趣味、趣向も性格の一部と理解して、上司・目上の嫌いなこと、興味のないことには触れない。そういう方向で努力を重ねていくと、可愛い部下だ、見どころのある部下だということで、さらに引き立てられること請け合いである。

もちろん、全く能力がない、仕事ができないというのでは、どんなに気に入られる努力をしてもほとんど無意味である。だが、ある程度仕事ができて、能力的にも水準に達している人が、これまで述べてきた三つのポイントを押さえる努力を続けていけば、真っ先に仕事を回してくれるだろうし、失敗したときも、「すみませんでした」と素直に謝ったら、いろいろとフォローしてもらえるに違いない。

叱られ上手になれ

上司・目上から引き立てを受けるためのポイントは、基本的に「相手の性格を見抜く」「相手の行動パターンを読み取る」「相手の趣味、趣向、特技を知悉する」の三つである。が、厳密に言えば、もう一つある。そこで、次にそのもう一つのポイントについて、触れておくことにしよう。

さて、上司・目上とはどのような存在かというと、一般的には自分より年上で、自分より仕事ができる。また、悪辣なことを考える点でも自分よりも上手だし、悪趣味、陰険さ、厭味さにおいても自分より勝っている。要するに、年齢、仕事の能力、頭脳、経験、厭味、全ての点において太刀打ちできないのが上司・目上という存在である。

そういう上司の目から見て、部下の姿はどういうふうに映るかというと、これはもう欠点だらけ。一見優秀そうで、欠点がないような人でも、上司の目から見れば必ず足りないところがある。だから当然、その足りないところを指摘されることもある。つまり、叱られるわけだ。そのとき、部下としていかなる態度を取るのか。これが、言わば四番目のポイントなのだ。

結論から先に言おう。上司・目上から引き立てを受けるための第四のポイントは、叱られ上手になることである。叱られ上手になると、「あっ、こいつは素直だな、いい子だな、将来性があるな」と上司に認められ、可愛がられ、メキメキ引き立てを受けられるようになるのだ。

ところが、その叱られた時に多くの人は上目づかいをするわけだ。そんな態度だったら、

「何だ、こいつ。生意気なやつだ。こういう素直じゃない奴は伸びない。かわいそうだが、こいつには将来性はないな」

と思われてしまうに決まっている。逆に、ヘラヘラしていたら、

「お前、叱られていることがわかっているのか」

と、さらなる怒りを買ってしまう。

上司・目上からのお叱りを、引き立てを受けるチャンスにするか、ダメ社員との烙印を押される危機とするか。それはひとえに自分自身の態度にかかっている。その意味で、叱られているその瞬間は、人生を左右する重大局面であると言って

も過言ではない。

これが正しい叱られ方

では、叱られ上手とはどういうのを言うのであろうか。

まず言えるのは、黙って叱られっぱなしはダメ、ということ。ときどき、上司の小言を黙ってうつむきながら聞いている社員を見かけるが、それでは、「お前、わしが叱っていることがわかっているのか。黙っていたのではわからないじゃないか」

という気持ちにさせるだけ。だから、黙って聞いているのではなく、ポイントごとにうなずく必要があるのだが、その時も、「ああ、なるほど、ああ、そうですね」

では、黙っているのと一緒で、「お前、何もわかっていない」

と思わせてしまうからダメ。

だいたい傾斜角度一五度から四五度ぐらいの間で、頭をペコペコ下げながら、

「はい、わかりました」

「たしかにその通りです」

「誠に申しわけございません」

と、自分の非を認めながら、上司の話を素直に聞き入れる。重大なミスを犯した時には、傾斜角度を九〇度にして、

「本当に申しわけありませんでした」

と深々と頭を下げる。これが叱られ上手の態度である。

上司の口から出てくる叱責の言葉は、言わば機関銃弾のようなもの。だから、一五度ぐらいに頭を下げて、黙ったままボーッと突っ立っていたら、バリバリバリとやられて、体じゅう蜂の巣にされてしまう。あるいはまた、上司の叱責に、「いいえ、そうではありません」「でも、こうじゃないでしょうか」などといちいち反論すれば、

「こいつは、自分の非を素直に認めようとしない、我の強い奴だ」

と上司はますます激昂して、これまた蜂の巣にされてしまう。

そんな大きなダメージを受けないためにも、ここは一つ、叱られている間は機関銃掃射を受けているようなものだと考えて、ボクサーがスウェーで相手のパンチをよけるように、一五度から四五度ぐらいの間で頭をペコペコ下げるようにしたい。そうすれば、全部とは言わないまでも、かなりの弾をよけられるはずだ。

無論、頭の上を弾がピュッピュッと飛び交う間隙を縫って、

「すみません、すみません。まったくおっしゃる通りでございます。誠に申しわけございません」

と、お詫びの言葉をタイミングよく入れることも忘れてはならない。

一五度から四五度、時に九〇度ペコペコと頭を下げ下げしながら、詫びつづけていれば、やがて機関銃も弾が尽きる。一時的に頭にカーッと血がのぼっても、弾を撃たせるだけ撃たせてしまえば、しまいに相手も疲れ果てて、最後にこう言う。

「まあ、そういうことなんだよ、君。わかったかね」

そのとき、頭をスーッと上げて、

「はい、おっしゃる通りでございます。ですが、実はこういう事情もございまし

て」

と、ここで初めてこちらの言い分なり弁解なりを主張する。反論や弁解は、あくまでも機関銃の弾が尽きた時にするものであって、そうすれば、

「あっ、そうだったのか。だったら早く言え」

などと、意外なほどあっさり認めてくれることもある。弾がピュッピュッと飛び交っている時に、「あのー」「でも」「しかし」などと反論してはいけない。それでは火に油を注ぐようなもの。反論するならやはり、弾が尽きた頃におもむろに頭を上げて、自分の言い分を丁寧に主張するに限る。それまではひたすら頭を下げつづけて、機関銃の弾が尽きるまで待つしかない。それがベストとは言わないが、よりベターな対処法ではないかと私は考えている。

それがうまいのが、実はお父さんと仲よくやっていける人なのだ。お父さんと仲のいい人は、お父さんに叱られても中途半端に反論したりしない。言うだけ言わせておいて、向こうの言い分が尽きる頃合いを見計らって、

「お父さん、ごめんね。でも、こういうこともあるんだよ」

と、自分の主張をする。だから、一時的に感情がこじれることがあっても、す

ぐまた関係が回復するわけだ。

上司が相手でも事情は同じで、上司が怒っているそのさなかに、「でも、私は」なんて反論すると、

「お前は黙っておれ。上司に逆らう気か」

と、ますます険悪な関係になる。そこがわかっていないのかどうなのか、お父さんとうまくやっていけない人は、とかく反論したり、言い争ってしまう傾向がある。要するに、上司から叱責を受けるシーンには、父親との喧嘩のパターンが出てくるのだ。

説教の途中で反論するな

私の父は、一度怒り出したら、「やめられない、止まらない」の「かっぱえびせん」みたいな人だった。四時間、五時間は当たり前、七時間でも八時間でも延々と弾を撃ちつづけるのだから、いま振り返っても、ものすごくエネルギッシュな人だったと思うが、その分、こちらが受ける心の痛みといったら半端ではな

く、化け物のような人を父親に持った自分は世界で一番不幸な人間だと、小さい頃は思っていた。しかし、いまは違う。世界中どこへ行ってもあれほどの人はいないというくらい性格が屈曲していて、なおかつ迫力とエネルギーに満ちた父親にこっぴどくやられたことで叱られ上手になったから、どんな人とでもうまくやっていける今の自分があるんだと、亡き父に感謝したい気持ちでいっぱいである。

父は私にとって、神様が与えてくれた反面教師。ベートーベンのお父さんのような、最高の教師でもあった。

父が七時間も八時間も怒りつづけるのには、理由があった。私の態度が悪いと、本当にうんざりするほど延々と説教されるのである。

「何だ、その反抗的な目つきは」

「何だ、そのふてくされた態度は」

「おい、わかっているのか。わかったらちゃんと答えろ。答え方が悪い」

私としては、決して反抗的な目つきをしているつもりはないし、ふてくされた態度をとっているつもりはない。おなかの中では「こんちくしょう」と思ってはいても、表面的にはいたって恭順を示しているつもりだった。ところが、霊能力と言うべきか、読心術と言うべきか、父には不思議なところがあって、こちらが表面を繕っても見破られてしまう。目線から出てくる暗黙の言語を解読するわけだ。

「その目つきがわかっていない」

「はいはいと言っているが、そういうのを空返事というんだ。お前、腹の中では反発しているんだろう」

ということで、お説教もそろそろ終わりかなと思った瞬間、いつ果てるとも知れぬ延長戦に入っていく。それどころか、ときには日没再試合ということもあるのだから、こっちとしてはたまったものではない。

やはり年齢も上で、経験も悪辣さも毒気もはるかに上を行っているから、こちらがどんなに隠しても、心の中を見透かされてしまうのだ。そんな体験を何度も繰り返した末に身に付けたのが、先に述べた一五度から四五度、ときには九〇度という、機関銃の弾をよける方法なのである。

とにかく、父に叱られたときには、何を言われても絶対に反論しない。四時間、五時間、あるいは七時間、八時間であろうと頭をペコペコ下げつづけ、向こうの

弾が尽き、機嫌がよくなる頃合いを見計らって、

「誠に有難うございます。これから気を付けます。しかし、こういう事情もあったことはご理解ください」

と、明るく丁寧な言葉で言う。すると、怒るだけ怒った父は、どこか後ろめたさを感じただろうし、こんなふうにも思ったはずだ。

「あっ、そうだったのか。ちょっと言いすぎたかな。傷つけてしまったかな。息子は大丈夫だろうか」

もちろん口に出して言うことはなかったが、父の態度から類推すると、そういう感情を抱いたに相違ない。というのも、そんなことがあった後には、必ずと言っていいほど、「今度、メシを食いに行かないか」とか「いい飲み屋を知っているんだ。飲みに行かないか」「お前、結婚相手いるんか」などと、気持ちが悪くなるくらいにやさしい言葉を投げかけてきたからである。

叱られ上手というのは、そういうようなことなのだ。上手に受けていたら、叱った相手は罪悪感を感じるから、「ちょっと言いすぎたかな」と思って、こちらが望んでもいない配慮をしてくれるのである。そうしたらこれはもう、部下の勝

ちである。

ところが、そのへんの呼吸がわからないと、「でも」「しかし」を連発することになる。それで、上司が理解してくれるなら、それはそれで結構なことだが、そんなこと、一〇〇パーセントあるわけがない。「反抗的なやつだ」「偏屈なやつだ」「素直じゃない」という印象を与えるだけでなく、ますます逆上させるだけである。

それともう一つ、黙ってボーッと聞いているのもダメ。前述したように、何も言わずに聞いているだけだったら、「こいつ、本当にわかっているのか」と、不安な気持ちにさせてしまうばかりか、一〇分で済むものを一時間も二時間も叱られることになってしまうからだ。

ここが、叱られ上手か叱られ下手かの違いなのである。とにかく、途中で反論せずに、タイミングよく、リズミカルに「すみません、すみません」と頭を下げていく。その当たりの呼吸を身につければ、誰だって叱られ上手になれるはず。

私自身、そうやって受け身を体得してきたのである。

叱られ下手を克服するには

最後に、叱られ下手の典型的なパターンについて語っておこう。

おそらく、感受性が人並み外れて強いからなのだろうが、上司から叱られると、体をブルブルと震わせながら、

「あっ、すみません、すみません。申しわけありません。おっしゃる通り私がバカだったんです。すみません。本当に申しわけございません」

と、傍らで見ていても気の毒になるほど傷ついたり、落ち込んだりする人がいる。叱った上司も周囲の人も、

「おい、大丈夫かあいつ。自殺するかもしれないから、しばらく見張っていたほうがいいんじゃないか」

と言いたくなるほどで、ときには三、四日、会社に出て来なくなることもある。

そうなるともう、二度と叱れなくなる。ちょっとした注意も怖くてできなくなる。

まるで腫れ物に触れるように、

「ちょっと、この仕事やってもらえないかな。いや、無理しなくていいんだよ。

決して無理なお願いじゃないんだけど、これ、やってくれたら助かるんだけどなあ……」

「い、いいんだいいんだ。あなたは自分のペースで仕事をやってくれればいいんだ」

と、恐る恐る接する他なくなる。するとどうなるかというと、上司・目上から敬遠されるばかりか、仕事を覚えられなくなる。難しい仕事、新しい仕事は自分を素通りするばかりなのだから、職能力は停止したまま。出世など夢のまた夢である。

そういう意味で、敏感に反応しすぎるのも叱られ下手だし、鉄面皮なのも叱られ下手。叱られ上手は、可愛らしく叱られて、なおかつ打たれ強い。弾が尽きるまで撃たれるままにしておいて、最後に明るく、

「はい、わかりました。これからは一層努力いたします。有難うございました」

と、素直に潔く反省する。そういう人は、注意された内容を吸収するから、仕事をどんどん覚えていくし、上司にも可愛がってもらえるわけだ。

この章の冒頭でも述べたように、人が人として社会で生きていく限り、常に上

司という人間が存在する。係長になったら課長がいる。課長には部長がいる、部長には本部長がいる、本部長には重役がいる、重役には社長がいる、社長の上には会長がいる。会長の奥には銀行さんがいる、親会社がある。上には上があるわけだ。

その上から下を見たら、必ず足りないところがある。当然注意もされるし、叱られもする。そこを上手に対処していったら、相手の上司から可愛がられるし支持されるし、上司の築いた地位とか職能力とか知識とか、経験全部を、引き継ぐことができる。これが一番賢いやり方、最上の対処法と言ってもいいだろう。

最後に、上司・目上とうまくやっていくためのポイントをもう一度整理すると、まず「相手の性格を見抜く」。次に「相手の行動パターンを読みとる」。三番目に「相手の趣味、趣向、特技を知悉する」。これができる人が上司にとって一番いい部下、一番可愛い部下であり、上司の知識、経験すべてを引き継ぐ継承者になっていくのである。

第二章　部下とのコミュニケーション

中小企業における部下指導の心得

会社をつくって事業を立ち上げるとなると、いろいろな能力が求められる。大きく分けるとまず販売管理。つまり、商品なりサービスなりをいかに売って売って売りまくるか、である。売り上げを上げないことにはやっていけないのだから、この販売管理が一番。次に大切なのが財務管理、要するにお金の遣り繰りだ。以下、資金調達、税金対策、労務管理といったところになるだろう。

この章のテーマ「部下とのコミュニケーション」は、労務管理の一部という位置づけができるだろうが、ここでは、中小企業における部下の育て方に焦点を当てて語ってみたい。大企業における部下の指導法についても触れたいところだが、名の通った大企業に集まる人材はもともと優秀で、放っておいても自ら育っていくもの。改めて指導法を語る必要はないだろう。

ということで、中小企業における部下の指導法に焦点を当てて語ろうと思うのだが、そのポイントを挙げると、次の四つに要約できる。

一、忍耐
二、愛情
三、理解
四、諦め

「人を使うは苦を使う」と言うが、実際、仕事でも何でも、自分一人でやったほうが楽。たとえ一人であろうと二人であろうと、従業員を雇うとなると、いろいろな苦労がつきまとうものである。

夫婦にしたって、結婚式で偕老同穴《かいろうどうけつ》を誓い合った二人がその後、死ぬまで連れ添うというのは至難の業。離婚率が年々高まっていることを考えても、別々の環境、別々の価値観で育ってきた男女二人が最後まで連れ添うのがいかに大変かが分かろうというものである。価値観も違えば好みも違う。そんな二人が一緒に生活するには、ともに妥協して歩み寄るしか方法がないのだが、これが当人たちには思いのほか苦しくて、ついには離婚にまで行き着いてしまうわけだ。

中小企業に集まる人材の特色

企業を経営する場合も全く同じで、まさしく「人を使うは苦を使う」である。しかし、中小企業に限って言えば、「苦を使う」のはむしろ従業員のほうである、と言ってもいいかもしれない。

中小企業ではだいたい、オーナー経営者が絶大な権力を持っていて、経営者の意向が会社の隅々まで行き渡っているのが普通だ。その経営者が、人格高邁にしてきめ細やかな愛情の持ち主、それでいて能力抜群というなら最高だが、そんな人など中小企業の経営者には滅多にいない。抜群の職能力を持った経営者ならいくらでもいるだろう。だが、人格的にも高邁で、性格も穏やかで愛情豊かな経営者という話になると、そんなのいるわけがない。「中小企業を経営しています」という人に出会ったら、「風変わりな人かもしれない」と思っていいだろう。

そもそもまともな人なら、まともな会社でまともに勤めて、まともに出世している。その〝まとも路線〟に乗れない人、あるいは乗ろうとしない人、それが自営業者であり中小企業の経営者である、と言ったら言いすぎかもしれないが、独立して何か事業をやっている人には、組織やコミュニティーに順応していけない性質の人が多いのは否定できない。言わば半端者。変わり者。我の強い人。自己主張の強い人。風変わりな人。その分、根性と忍耐力があって、精進努力を惜しむところがない。だからこそ独立しても成功するのだろうが、やはり客観的に見たら、変な人が多い。

そういう意味で、中小企業の社長ほど個性的で面白い人はいない。それに対して、大企業の社長には面白い人が少ない。何百人、何千人、何万人というライバルたちとの出世競争に勝ち残ってきたのだから、それなりに優秀なのだろうが、会社の看板がなかったら何もできない。そのくせ、プライドだけは異常なほどに高く、何かにつけて会社の看板と自分の地位をちらつかせる。まあ、大企業でトップにまで登り詰めたのだから、優秀には違いないのだろうが、あくまでも看板を利用した優秀さである。

そこが、中小企業の社長の優秀さとの違いである。優秀には違いないが、種類が違うわけだ。中小企業の社長はおおかた、看板も後ろ楯もないところから事業を立ち上げた、独立独歩型である。その分、個性的で、風変わりで、人間として歪んだ人が多く、そういう人が一人でも二人でも従業員を抱えるというのは、ものすごく苦痛のはず。もともと組織の中で唯々諾々《いいだくだく》としていられず、飛び出して来た人なのだから、人使いが苦手であって当然である。

しかも、中小企業にやって来る人材はといえば、一般的に性格がどこか屈曲している。素直な人は、親の言うことを素直に守ってよく勉強するし、社会に出ても素直に順応するから、オーソドックスな道を進むことができる。対して、中小企業にやって来る人は、そのほとんどが素直ではない。もちろん例外はある。中小企業のほうが能力を発揮しやすいだろうということで、あえて中小企業を選ぶ人もあるだろうし、親が経営している会社だから、親戚が経営している会社だからという理由で入社するケースもあるだろう。

だが、一般論として言えば、素直じゃない人が多い。素直さがなく、どこか屈曲していて、普通の人が行くオーソドックスな道に行けない人。そういうタイプが中小企業に集まる、というふうに理解していいだろう。

それを迎え入れる社長も変わっていて、歪んでいて、屈曲していて、ユニークで個性的。しかし、エネルギー、馬力、迫力、根性では誰にも負けない。そこへ、まともに生きられない、はぐれ雲みたいな人間がやって来るのだから、中小企業の社長と従業員というのは怪しい関係にならざるを得ないし、お互いに苦しいはずなのだ。まともじゃない人間とまともじゃない人間のぶつかり合いなのだから。

言わば、化け物と化け物、ナマコとウツボが一つの水槽の中にいるようなものだ。水槽の中ならまだいい。タコ壺の中だったら大変、喧嘩が始まってしまう。ウツボのような経営者はナマコのような従業員にパクッと食いつこうとするだろうが、相手がナマコだけに、噛んでも噛んでもコリコリと硬いだけで、食うに食えない。

「お前、石なのか、魚なのか、どっちなんだ。味があるのかないのか」

「私はナマコです。石なのか魚なのか、自分でもわかりません」

まあ、中にはナマコが好きだという人もいて、あれを酢醤油で食べたら美味しいらしい。逆に、あんなものを食うなんて、と顔をしかめる人もいるが、中小企業の経営者は少なくとも、ナマコが食えるぐらいでなければいけない。それぐらいの気持ちがなければ、部下なんて絶対に育てられるものではないのである。

忍耐力がなければ人を使えない

だから、中小企業の経営者にとって何が一番大事なのかというと、忍耐である。最初に言ったように「人を使うは苦を使う」であって、その苦を乗り越えていくには忍耐しかないのである。特に中小企業の社長の場合は、バイタリティとエネルギーと根性だけが異常なくらいに強い反面、性格が屈曲していて風変わりな自分の下に、はぐれ雲みたいな、わけのわからない従業員がやって来るというケースが多いわけだから、より一層忍耐が必要になる。大企業の経営者の三倍といったところだろう。まあ三倍から五倍。中には三〇倍という人もいるが、屈曲度合いによって三倍から三〇倍の忍耐力が要るのが普通だ。

一般的に言って、忍耐力のない人は人を使えない。そういう人は部下なんか持たずに、フリーで一人でやっていた方がいい。フリーのライターとか弁護士、弁理士、税理士、公認会計士、それからデザイナー、通訳。そういう仕事をフリーランスとかエキスパートとしてやっていく分には、忍耐力もあまり要らないし、実際、そういう職業に就いている人には忍耐力に欠けることが多い。自分の職能力を向上させるとか、責任を持って仕事に向かうということに関しては忍耐できるものの、人と人のやりとりの中で忍耐していくとか、自分の我や思いを抑えるということでは、会社の経営者や組織の中で生きている人間と比べて、絶対的に弱い。

だから、フリーでやっていた人、フリーアルバイターで職を転々としてきた人が入社したら、忍耐が足りない人間だと判断してまず間違いない。人間関係において耐えることを知らない人、グッと我慢することを知らない人なんだと見ていい。フラフラ、フラフラいくつも会社を巡ってきた人は、忍耐が足りないのだ。そういう人は、組織に入ろうとか、人を雇ってやっていこうなどと考えず、一人でやっていった方がいいし、一人でやれる仕事なら十二分に能力を発揮できるだろう。

ところが、人を一人でも雇うとなると一八〇度、世界が違っている。部下を一人でも持つと、自分自身の職能力が試される以上に、対人関係における忍耐力というものが試されるのである。したがって、いかにすれば部下を上手に使えるのか、部下を生かせるのか、どうしたら部下を思いのままに動かせるのかというテーマに対する回答は、どれだけ忍耐ができるのか、に尽きるわけだ。いかにすれば部下が動くのか、いかにすれば部下を生かすことができるのか、ではない。いかほど部下に対して忍耐できるのか、なのだ。

忍耐から愛情へ

では、ただただ忍耐すればいいのか、と言うとそうではない。忍耐だけでは部下を指導できない。忍耐の次に必要なものがあるのだ。それは何かと言えば愛情であり、体から滲み出てくる愛念である。つまり、思い通りに働いてくれない従業員を耐え忍ぶという消極的な情感から、愛情を持って包み込んでいくという積極的な情感に変えていくことが、経営者には求められるわけだ。

そのように、忍耐を愛情に変えていくと、会社全体が温かい家族的雰囲気に満ちてくる。すると、家族的雰囲気に包まれた職場は居心地がいいから、あちこちの職場を巡ってきた、能力のない半端な従業員も居ついて、一生懸命働くようになる。

それに対して、才能があって賢い人はすぐに仕事を覚え、とりたてて指示を出さなくても、社長の考えを理解して、率先して動いてくれるだろう。その分、経営者は楽ができるが、優秀な部下は有能なだけに野心を持っているのが普通で、いっときは居ついても、やがて会社を乗っ取ったり、社員を連れて独立したり、挙句の果てはお客さんを横取りしたりする。

それを思えば、優秀でない社員ほど素晴らしい社員はないことに気付くはずである。家庭的な温かい雰囲気をつくって、居心地さえよくすれば居ついてくれるのだから、最高の人材と言っていい。

じゃあ、職能力はどうなんだ、仕事はどうやって覚えさせるんだ、と心配する向きもあるかもしれない。しかし、一〇年間、一つのことをずっとやっていれば、どんなに出来の悪い人間でも仕事を覚えるもの。複雑な仕事は難しいかもしれないが、ちょっとした仕事なら簡単にできるようになるから、心配する必要はない。

たとえば、イトーヨーカドーの取締役には、中卒、高卒の人が多いという。大卒でも、名もない大学の二部を出ているとか、学歴だけを見たら決して誇れるものではない。というのも、イトーヨーカドーは小さな洋品店から始まったからだが、社業が発展するにしたがって彼らも勉強し、経験を重ね、ついには取締役に名を連ねるようになったわけだ。それくらいの勉強と経験を積み重ねているので、イトーヨーカドーの取締役は誰もが知識、能力、人間性を兼ね備えた素晴らしい人ばかりである。

だから、入社時に出来が悪くても心配無用。一〇年間、一つのことをコツコツとやっていたら、どんな人間だって一つ二つ三つの仕事が任せられるまでになる。それより心配しなければならないのが、いかに出来の悪さを忍耐し、その忍耐を愛情に変えていって、温かい家族的な雰囲気をつくるか、である。それさえできれば、一〇年後には揺るぎない番頭さんになっているはずだ。

中途半端に優秀な人間なんか来ない方がいい。そういう人間は仕事を覚えるのは早いかもしれないが、ちょっと慣れるとすぐに野心を抱くからだ。人も羨むような素晴らしい能力、才能に恵まれながら野心がなく、忠誠心でもって主人に仕えていくという、楠木正成とか諸葛孔明のような人物なんて滅多にいるはずがない。何千万人に一人か、何百万人に一人だろう。中途半端に能力と才能のある人は一〇〇人が一〇〇人、野心があって、あれがやりたいこれがやりたいという気持ちを持っている。

有島武郎の小説『生まれ出づる悩み』の主人公もそういう人間の一人で、家業を継いで仕事をしているんだけど、本人は絵が描きたくてたまらない。なまじっか絵の才能があるものだから、あれがやりたい、これがやりたいという生まれ出づる悩みで悩むわけである。

では、中小企業経営者の「生まれ出づる悩み」は何か。これはもう人材難と昔から相場が決まっている。

中小企業の社長に尋ねてみればわかるが、一〇人が一〇人、一〇〇人が一〇〇人、「なぜ、能力、才能のある従業員に恵まれないのか」「もっと優秀な人がうちに来てくれたら助かるんだがなあ」と悩んでいる。その悩み、わからないではないが、では優秀な人材がやって来たらどうなるのか。その優秀な人材を使いこなせるほど、社長のあなたは優秀なのか。その優秀な人はきっと、会社の仕事に物足りなさを感じるだろうし、社長の方針に批判的になるかもしれない。やがて社長をバカにして、社員を連れて出ていくことだってある。当の社長自身、そうやって組織から抜け出てきたわけだから、同じ行動を取ることは十二分に予想される。

そう考えたらやはり、なまじ優秀な人なんか来ないほうがいいし、それを期待すべきではない。それより屈曲した社員を愛する。はぐれ雲を愛する。はぐれ雲ではあるかもしれないけれど、一〇年先を見つめてじっと耐え、決して嘆かない。一〇年忍耐をして、一〇年愛情で包んでいくと、この分野なら任せられるという人が育つ。イトーヨーカドーの取締役のように、社業が発展するにしたがって能力を磨きながら社長と運命をともにするという、本当の意味での優秀な部下が育っていくのだ。

日本語で言えば忠誠心、英語で言えばロイヤリティ。それが、日本の企業では一番大事だとされている。だから、部下に求めるべき資質のナンバーワンは何かというと、能力や才能ではなくて忠誠心。会社に対する忠誠心、社長に対する忠誠心があるのが、一番優秀な部下なのだ。

能力や才能があっても、仕事を覚えたらお客さんを奪ってさっさと出ていく。社員を連れて逃げていく。社長をバカにして乗っ取る。アンチ社長派を作ったりする。それがいいのか悪いのか。じっくり考える必要があるだろう。

従業員をやる気にさせるジョブ・ディスクリプション

いずれにしても、野心を抱きやすい優秀な人材に、ロイヤリティ、つまり忠誠心を求めるのは難しいものだが、よくよく考えれば、優秀、愚鈍を問わず、男は誰でも野心を抱く傾向が少なからずある。その心情を理解して、ある程度、野心を満たしてやるために、その人間のやりたい仕事を与えてやるというのも、部下を育てる上で必要にして不可欠なことである。

一般に女子社員は、感情が満たされることに喜びを感じる。感情というのはエモーション。給料がよくて休みが多く、なおかつ居心地がいいと感情が満たされるわけだ。対して男性社員は、自分の才能、能力が認められ、会社の中で生かされることに幸せを感じる。男は感情よりも――もちろん、感情的にも満たされたいという思いはあるが――やっぱり能力や才能。社会性を持っているから、社会の中で自己実現ができないと、腐ってくるし歪んでくる。やがて謀叛という形で飛び出してゆく。

まあ、女でも男でも、同じ仕事を五年間ずっとやっていると、「一生、この仕事をやりつづけなければいけないんじゃないか」と思って、辞めてしまいたくなる傾向がある。どんなに忍耐力のある部下でも、一つのことをやりつづけていれば、やはり仕事に飽き、腰が折れる。それを避けるためには、二年ごとに担当部署を変えてやるといいだろう。つまり、二年たったらその都度、給料を上げるとか役職を上げるとか、何らかの形で評価してやるわけだ。五年も一〇年も同じポジションだったら、途中で腰が折れるから、長くとも三年。できたら二年ごとに評価してやる。給料なり役職なりを上げてやるのもいいだろうし、何かの名目をつけて一週間ヨーロッパに行かせてやるとか、社長が仲人をして家庭を持たせるとか、努力してきたことを何らかの形に表してやらないと、なかなか続かない。

また、男性社員の場合はジョブ・ディスクリプションというのを考える必要もある。

私の知り合いにフィリップ・ドュブローというベルギー人がいる。私の本を仏訳してくれた男だが、本業は経済学者、それもM&A（企業の合併・吸収）の研究である。その男がかつて、オムロンのヨーロッパ現地法人のヨーロッパ立石電機の調査をした。その結果、ヨーロッパ立石電機では、ある時、外国人社員が全部辞めたことがあったらしい。全員、仕事をボイコットして会社を辞めてしまった。なぜ辞めたのか。一番の理由はジョブ・ディスクリプションがないからだというのである。

ジョブ・ディスクリプションというのは何か。簡単に言えば、仕事の説明である。君の仕事はこれとこれとこれなんだ、君の役割はこれこれこうなんだと、よく説明してやるということ。それをしないと、外国人の従業員は意欲をなくしてしまう訳だ。ところが、日本型の企業は往々にして、ジョブ・ディスクリプションを無視する傾向にある。

「仕事は理屈でやるものじゃない。体で覚えるものだ。だから黙って俺についてこい。ごちゃごちゃ理屈を言うんじゃない」

とにかく、おれの言うことを聞いていればいいんだ、ああせい、こうせい、こうやればいいんだという、いわゆる実践派。そういうタイプが中小企業の社長には多い。

「お前はまだ新入りなんだから、まずは体で仕事を覚えろ。理屈なんか言わずに黙ってやれ」

というわけだが、それでは外国人には通じないし、最近では日本人にも通じにくくなってきている。

これがジョブ・ディスクリプションなのだが、さらに言えば、従業員一人ひとりの将来の方向性を示してやること。これも、部下を育てていく上で大事なポイントである。

「君、向こう二年間は支店の営業で頑張りなさい。そしたら、次は本店の営業に引き上げてあげるから、営業全体を把握しなさい。そこで三年から四年ぐらい頑張ったなら、今度は管理部門の仕事をさせてあげるけど、七、八年やったら次にまた営業部門へ行きなさい。営業部門だけにいても管理部門だけにいても、仕事の流れ、業界の動向はつかめないからね。君は将来性があるんだから、とにかく一〇年は辛抱しなさい。そうすれば、部長にもしてやるし、さらにあと三年頑張ったら取締役にしてあげよう。株も持たせてあげるし、給料だって今の一〇倍ぐらいにはなるよ」

といった具合に、将来の方向性をきちんと指し示してやる。これもジョブ・ディスクリプションであり、こういうようなことがヨーロッパ立石電機でよくなされていなかったものだから、外国人スタッフは辞めてしまったということらしい。

終身雇用制が社員を育てる

このことに関してもう一つ指摘すると、外国人スタッフはどんなに頑張ってもボード・メンバー、つまり重役にはなれないんだ、ここにいても将来性がないんだ、という意識が、外国人スタッフ総辞職劇の一因になっていたことも考える必要があるだろう。

かつて、大前研一さんがテレビでこんなことを言っていた。あるアメリカの企業の社長に、日本人が就任した。その日本人社長は着任早々、アメリカ人の重役達を前にこう訓示を垂れた。

「あなた達はよく頑張っている。おかげで業績が上がっているが、業績が上がったときこそ締めるところは締めなきゃいかん。封筒を無駄に使っていないか、鉛筆も消しゴムも最後まで使い切っているか、しっかり確認して余計な経費を削減しなきゃいけない」

いかにも日本人の言いそうなことだが、それを朝礼で発表したわけだ。そしたらどうなったかと言うと、翌日、すべてのアメリカ人スタッフ、重役とか部長が辞職願いを出したそうだ。なぜか。やたらと細かいことを言う人間が社長に就いている会社には将来性がないからだ、と。

欧米人の社員というのは、一般的に、将来性がないと思ったらすぐに辞める。というのも、欧米人は野心の塊で、何事に対しても自分を主に考える性格であるからだ。優秀というほど優秀ではないのだが、野心ギラギラ、いつも自己中心。欧米では誰もがそうだから、何でも契約、契約、契約。契約以外のことは絶対にしようとはしないし、契約期間が切れれば、サッと辞めていってしまう。そこが、ロイヤリティを尽くして会社のために最後まで頑張るという、日本型とは決定的に異なる点である。

私の海外法人でも、長くて三年。五年以上いたことがない。だから、外国人を雇う場合は三年いてくれたらいいと考えて、契約内容、契約期限、契約金をきちんと提示する。すると、その契約は守る。契約が切れるまでは割ときちんと働くし、勤務態度もいたって真面目。ところが、契約期限が切れると、何事もなかったかのごとくサーッと消えていく。

まあ、欧米の場合はそれでいいんだろう。いろいろな企業を巡りながらキャリアを積み、実力を伸ばしていく人間が認められる社会。それが欧米社会だから、優秀な人ほど企業を転々とする。また、企業の方も企業の方で、即戦力になる人材を一年契約とか二年契約、長くて三年契約で採用し、その都度その都度、ベストのチームを組んで事業を推進していくといった感じで、未熟な人材を育てていくという姿勢はあまり見られない。育てたところで、やっと戦力になったと思ったときにはパッと辞めてしまうから、はじめから育てようという感覚など持っていないわけだ。

ところが、終身雇用制度の日本の場合は、一から社員を育てていく。もちろん、終身雇用制の問題点もあるにはあるが、終身雇用制だからこそ社員を育てられるし、社員も育っていく。その結果、五年、一〇年、二〇年という長期にわたる会社のプランも可能になるわけだ。欧米の場合は、おしなべてサイクルが短い。一年か半年で会社の収益が上がらなければ、社長はすぐさまクビ。部長もクビ。恐ろしいばかりにはっきりしている。

実は、欧米企業がアジアに進出すると市場が荒廃するのは、そこに原因がある。すぐに結果が出なければいけないものだから、従業員だってすぐクビにするし、取引先ともすぐに関係を断つ。現地に根づいて人を育てよう、産業を興そうという考えは初めからないわけだ。

その点、日本の企業はまるで違う。終身雇用制で長期的な展望のもと、現地の人も産業も育てようという姿勢がある。だから、日本の企業が進出するところ、産業が育ち、社会も繁栄するわけだ。

私も、外国に会社をつくるまでは、そういう日本の企業と欧米の企業の違いがわからなかった。しかし、いろいろ試行錯誤を繰り返してその違いが理解できた今、外国人を雇う場合には頭を切り換えてやっている。まあ、欧米流のやり方にも長所もあるが、どう考えても日本流のほうがいい。優秀な社員が育つし、会社として存続していくのだから。

「黙ってついてこい」式の指導法はもはや通用しない

ここで整理すると、従業員に対してはまず忍耐。次に、その忍耐を愛情に変えて、温かい雰囲気をつくること。これが重要なのだが、その次は何かと言うと理解。一人ひとりの社員の性格をきちんと理解する、ということである。そして四番目は何かといえば、諦めである。

例えば、ある従業員の長所と短所を理解したとする。その場合、短所についてはもう諦めるしかない。短所は諦めて、いかに長所を伸ばしていくか。過度な期待をかけず、いかに少しずつ伸ばしていくか、ということがポイントなのだが、それにはまず、いまの若者にはどういうタイプが多いのか、それをきちんと理解しておく必要がある。

では、いまの若者はどうなのかと言うと、いわゆる新人類。その新人類とは、欧米の社員の根性がなくなった奴、これが新人類だと思って間違いない。野心を持っていると言っても大したことがないし、自己主張と言っても大したことがない。さりとて、日本的な忠誠心を貫くかと言うとそうでもない。言うなれば、欧米の社員から根性と迫力を取り除いた根なし草。これが新人類と考えていい。

野心があって自己主張もするんだけれど、欧米人ほど根性と迫力がないものだから、何をやってもやり遂げられない。そういう新人類を相手にする場合には、忍耐と愛情プラス「こいつは新人類なんだあ」という理解と諦め。これが必要だ。手っとり早く言えば、褒めて讃えて持ち上げる。そうでもしない限り居つかないし、育たない。今はそういう時代なのだ。

厳しいお父さん、お母さんに育てられ、逆境を雄々しく乗り越えていくだけの強い精神力と根性を身に付けている若者はあまりいない。時にはいるかもしれないけれど、それは宝物のような人で、ごくごくわずかでしかない。豊かな時代、根性のない時代、それが現代という時代であり、中途半端に欧米化された中に日本の古来のものが残っているのが、今の日本社会である。日本古来のよさが薄まってしまい、欧米のよくないところがこれまた薄まって入ってきて、いいところもあるんだけど日本に徹しきれず、欧米にも徹しきれてないという現代社会。その中で育ってきたのが新人類なのだ。

それでも、魂の奥には日本の精神が息づいている。だから、ゆっくり時間をかけて育てていけばわかってくるのだが、昔流の「黙ってついてこい」式のやり方では新人類は育てられない。褒めて讃えて、野心と自己主張を認めてやって、前述したジョブ・ディスクリプションを示してやらなければいけない。

「君の役割はこうでね、こういう仕事をしていくんだ。これを一年か二年やったら、次はこんな仕事があるからね、見たところ、君にはこういう長所があるみたいだし、将来性があると思うから二年間、これを辛抱しなさいね」

「五年辛抱したら係長か課長代理か課長になるから、そうしたらいまの給料がこれくらいになって、部下が何人ぐらいつくようになるからね。海外にも行けるしね」

「部下は、上司や目上に対してこういう態度で接しなければいけないよ。二年たったら君にも後輩ができるはずだ。そのときのためにも今、部下の育て方を勉強しなければいかんよねえ」

「重要なポジションの人間は管理部門と営業部門、両方の仕事を把握してなければいけないんだ。両方きちんとできたら取締役になるんだよ。それにはだいたい一〇年ぐらいはかかるよ。ウチも会社が大きいわけではないから、君のような優秀な人が一〇年やったら、きっと取締役になれるよ」

そのように、ジョブ・ディスクリプションをはっきり示して、夢と希望を与えつづける必要がある。それをやらなかったら、

「何のためにこんな会社にいるんだろうか、何のためにやっているんだろうか、こんな会社にいたって将来がないんじゃないか」

「何で忍耐しなければいけないんだ。こんな仕事に何の意味があるんだろうか」

と、仕事に対する興味とか意義を見出せなくなる。すると意欲を失って、すぐに辞めちゃうわけだ。さっきも言ったように、ヨーロッパ立石電機の外国人社員が辞めていった一番の原因は、ジョブ・ディスクリプションがないということ。頑張ったところでボード・メンバーになれない、将来性がないからという理由で辞めていった。今の新人類の辞めていく理由も同じである。ジョブ・ディスクリプション。なぜこんなことをやらなければいけないのか、その意味がわからない。興味が湧いてこない、将来性がないと思う。この三つの理由で辞めていくのだ。

だから、「黙ってついてこい」とか「おれの言う通りにやればいいんだ」というのは、もはや絶対に通用しない。中小企業にやって来る若者は、単なる新人類

ではないのだ。新人類プラス屈曲型。そういうのが中小企業に来るのだから、旧来型の指導法はこの際、あっさり捨てたほうがいい。

これほどまでの時代の変化。それが読み取れない中小企業の社長は、どんな人も使えない。中卒とか高卒とか大学の中退で、裸一貫でやってきた社長は、ジョブ・ディスクリプションの論理と説明の仕方を勉強しなければいけない。相手のレベルに合わせて「なるほどそうなのか」と納得できるようにわかりやすく、かつ忍耐と愛情をもって説明ができるように自分を磨かなければいけない。

それができなかったら、それはもう社長自身の能力的限界としか言いようがない。では、どうしたらいいのか。くどいようだが、ジョブ・ディスクリプションを明確に提示するしかないのだ。

欧米型雇用システムと日本型雇用システム

住友商事の人に聞いた話だが、住友グループでは、「新入社員が入ってきたらまず鼻をへし折れ」というのが新人教育の基本的な指針なのだそうだ。新入社員は社会人としては一年生だけど、その前はといえば大学の四年生で、言わば代表取締役社長といったような存在だった。とくに体育系のクラブにおいては権力絶大で、命令一つで後輩は何でもやってくれる。そういう、ついさっきまで社長然としていた人間は天狗になっているから、何はともあれその鼻をへし折れ、と。それが、住友グループの約束事になっているというのである。

そういうことは住友グループだけでなく、けっこうどこでもやっているらしいが、まあ、昔はそれでもよかったかもしれない。ところが、最近の新人類を相手にそんなことをしようものなら、翌日から出社拒否。天狗の鼻もへし折れるけれども、同時にやる気も奪ってしまうわけだ。そんなことぐらいで、なぜやる気をなくしてしまうのか。その理由がわからないものだから、

「せっかく一流企業に入ったのに、なぜすぐに辞めてしまうのか、どうもよくわからない。どう扱ったらいいんだろうか」

と、課長や部長が首を傾げるわけ。でも、欧米の社員を雇っていたら、そんなのすぐにわかる。新人類は、欧米人の社員から根性を取り去った人たちなのだ。だから、ジョブ・ディスクリプションをバカがつくほど丁寧に示してやらなけれ

ばいけない。自分は今何をしなければならないのか、何のためにこの仕事をやっているのか。何年やったら次にどういう仕事が待っているのか。それらを手取り足取り教えてやらなければ、仕事の意義が理解できないし、興味が湧かない。興味が湧かないから、すぐに辞めてしまうのだ。

この傾向にますます拍車がかかることはあっても、元に戻ることは絶対にないだろう。とくに都会では、恐ろしいばかりに欧米化が進んでいくはずだ。それに伴って中途採用が増えつづけ、何年契約という欧米型の雇用システムが広まることも容易に想像される。というより、すでに急速に広まりつつある。

私個人の意見を言えば、欧米型の雇用システムより、日本型雇用システムのほうが日本企業には適しているし、また、そのほうが強さを発揮できると思うのだが、時代の趨勢としては明らかに欧米型に向かいつつある。したがって、中小企業の社長も、あるいは大企業の社長も頭をスイッチする必要に迫られていると言えるだろう。

逆に言うと、欧米型の契約社員として優秀な人間が入ってきた場合、旧来の体質と合わない部分が生じる可能性がある。それでも、経営者の頭が柔らかかったら使いこなせるだろうが、頭が堅かったらどうしていいかわからないし、部下を使いこなすことができなくなるだろう。

そのように、部下の指導法といっても、時代と共に大きく変化しつつあるわけだ。若者の気質も欧米化している。それに外国人の部下を持つことだってあり得る。いま現在、外国人を雇っている中小企業は少なくない。あるいはまた、外国に子会社をつくったら、現地スタッフを雇うわけだから、現地スタッフの雇い方も考えなければいけない。紙数に余裕があれば、外国人の雇い方についてもっと詳しく述べたいところだが、それはまた別の機会を見つけて語ってみたい。

ますます必要になる帰国子女対策

そのように、一口に部下と言っても、昔気質の古いタイプの部下もいれば、欧米人から根性を抜いたような新人類、それから情緒的な女子社員と、いろいろなタイプがいる。それらすべてに対応しなければならないのだから、能力的に優れているだけでなく、人間的にも大きくならなければ、経営者はとても務まらないというのが偽らざるところだが、実はこれらに加えてもう一つ、別のタイプがある。それは何かというと、外国で幼年期、少年期を過ごした、いわゆる帰国子女である。

私の経営する予備校でも、最近目立って帰国子女が増えてきたが、彼らに共通しているのが、相手が目上だろうが友達だろうが、態度が全然変わらないこと。校長先生であろうと先生であろうと先輩であろうと関係ない。

「先生、この問題のここのところ、よくわかんないから、教えてよ」

「ええっ？」

「ねえ、教えて」

「あなた、もしかしたら帰国子女？」

「はい、そうですけど」

日本人の生徒なら、

「先生、お忙しいところ申しわけないんですけど」

と、目上に対する礼儀とか、自分の立場をわきまえてモノを言うんだけれど、帰国子女はそんなの一切お構いなし。相手が誰であろうと、いつも同じ立場、同じ目線でモノを言う。外国人の場合も、無論そういう傾向はある。だが、彼らは一応、ボスに対する礼儀をわきまえている。それに、顔つきも体型も、育った文化も日本人とまったく違うから、彼らが無礼なことを言ったとしても、「まあ、仕方ないか」で済ますことができる。ところが、帰国子女は外見上、日本人と全く同じ。そのため、ついつい日本人従業員を見るのと同じ目線で彼らを見つめ、「なんて生意気な奴なんだ。礼儀知らずで傲慢なんだ」と腹の一つも立てたくなるが、それではダメ。彼らは別段、生意気でも無礼でも傲慢でモノを言っているつもりでもないのだ。それが彼らにとっては自然体なのである。

だから、そういうシーンに遭遇したら、「あっ、帰国子女なんだ。半分外国人なんだ」と思わなければいけない。同じ目線、同じ位置に立って、フリーに討論できる雰囲気をつくった上で、まずは相手の意見をよく聞く。それから、社長としての自分の意見を言うくらいの覚悟がなければ、帰国子女なんかとても扱えない。

「ふーん、なるほどね。社長の意見もわからないじゃないけどねえ」

「うん、社長の気持ちもわかるよ」

「わかってくれてありがとう」

一事が万事、こんな調子なのだ。情けないことかもしれないが、こうしなかったら帰国子女は居つかないし、外国人なんか使えない。

職場環境にも配慮を

それから、居心地がいいかどうか、これも彼らを雇う時に注意しなければならない点である。この場合の居心地とは、精神的な意味より物理的な意味合いのほうが強い。つまり、快適な職場環境、快適な住環境がなければ、なかなか居つかないのだ。

一般的な傾向として、エアコンがよくなかったら、外国人従業員はすぐに辞めていく。事務所の空調はもちろん、社宅のアパート、マンションの空調。それから机に椅子。どうしてそこまで、と言いたくなるほど、彼らは職場環境、住環境に凝るし、大事にするのである。

日本人の場合は一般的に、職場環境なんてあまり気にしないし、住環境に目いっぱい凝る人は少ない。むしろ、やたらと狭くて汚くて、薄暗い赤提灯が一つ、やけに寂しげにぶら下がっている屋台のおでん屋なんかで、酒を酌み交わしながらボソボソと語り合うのがいい、なんていう人が多い。ところが、外国人にはそういう日本人のメンタリティーが理解できない。全部が全部とは限らないが、快適な環境でなければ辛抱できないのだ。

それともう一つ大事なのが、先にも述べたように、「この人と一緒に仕事をやったら楽しそうだな、面白そうだな」という印象を与えること。そのために、一緒に遊ぶ。釣りに行くとかゴルフをするとか、あるいは食事に行くとか映画を見に行くとか、そういうことをやらない限り心を開いてくれないし、仕事をやってもパートナーとして動いてくれない。「何だか、面白くない奴だ。こんな社長の下ではやっていけない」と、彼らは思うのだ。

遊びの空間を活用して社内の活性化を

欧米の人間がそうだということは、新人類もそういうタイプだ、ということである。

だから、新人類が入社してきたら、時には一緒に遊ぶ。すると、「話がわかるな、ウチの社長は」「話がわかるな、この部長は」ということで、やる気になったりする。

ところが、

「おい、仕事をしろ、仕事を。お前、会社を何だと思っているんだ。会社はサロンじゃないんだぞ、遊園地じゃないんだぞ」

「それが目上に対する言葉遣いか。そんなことじゃあ会社勤めなんかできないぞ」

なんて言ったら最後、「あっ、そうか。自分には会社勤めができないんだ」と思って、それっきり会社に来なくなってしまう。楽しいか楽しくないか、彼らにとってはそれが全てだから、厳しいことを言ったらまずやる気をなくす。やる気にさせようと思うなら、たまには一緒に遊んでやるのがいい。

「おい、今度の休み、ディズニーランドへ行こうや」

などと誘ってやると、そのときだけはえらくやる気に燃えるから、燃えている瞬間を捉えて、

「仕事というものはこういうもんだからね」

と、同じ立場に立って、ジョブ・ディスクリプションを示してやる。そこまでやって、やっと聞く耳を持ってくれるのが新人類なのである。昔の人間は、「黙ってついてこい」だの「そんなことでやっていけると思っているのか」だの、少々厳しい言葉を浴びせられても、「はい、やっていけるように努力します」と言って、ますます努力したものだが、今の若者は、「やっていけると思っているのか」などと叱られると、「ああ、やっぱりやっていけない」と思って辞めてしまうのである。

そこに、フリーアルバイターが増えてくる理由がある。彼らは自由気儘に生きたいのだ。自由気儘に生きたいということは、遊びの空間がほしいわけだ。そのへんの気持ちを理解してくれる上司についたら、「いいなあ、居心地いいな、話がわかるな、将来性があるな、興味が持てるな、やる気がするな」ということで居つくわけだ。

そういうふうに、昔型の頭を捨てて、今の若者の気質ということをよく考えてやっていかない限り、経営者としての責務は果たせない。そう覚悟すべきである。

部下に多くを望むな

　ということで、これからの従業員教育を考えた場合、まず忍耐しながら、それを愛情に変え、理解を深めていく。あるいは、一人ひとりの従業員を理解し、理解にもとづいて忍耐を先に立て、それを愛情に変えていく。今の若者はそういうものなんだと理解すれば忍耐もできるだろうし、それを愛情に変えることも可能なはずだ。

　そのパターンは外国へ行った時も同じで、まず外国人というものの理解から始まる。イギリス人もオーストラリア人もアメリカ人も、日本人にとっては同じ外国人ではあるが、それぞれの気質は微妙に異なるし、イタリア人となると、これまた大きく違ってくる。イタリア人を使う時には必ず昼寝の時間を与えなければいけない。それも一日四回というのだから驚きだ。何といってもイタリアは、恋と歌と食べ物の国だから、「仕事！　仕事！　仕事！」という姿勢で向かったら、一〇〇パーセント反発される。しかも、何か問題が生じても、「アラ？」で終わり。仕事に対する責任感なんて、まるでない。

初めてイタリアで事業を立ち上げたとき、こんなに働かず無責任な民族があったのかと、私は心底びっくりしたが、とにかく、仕事のパートナーとしてイタリア人ほどやりにくい相手はいない。

イタリア人で思い浮かぶのは、彼らの喧嘩の方法である。彼らの喧嘩は、どちらが正しいとか間違っているとか、理屈なんか全然関係ない。ただただ言葉数が多いほうの勝ち。言葉数で勝たないと使えないのがイタリア人なのだ。

そのように、外国人といっても、それぞれ気質が違う訳だから、まずその気質を理解する。新人類の場合は、外国人から根性がスーッと抜けた人たち、それが新人類だと考えて諦めるわけだ。自分の思うようには世の中はいかないのだ。自分の思うようには人は動かないんだ、でも長所は一応あるんだからと諦めて、順応しなければとてもやっていけないだろう。

それを「こうあるべきなのに」「こうするのが本当なのに」と思うから、腹が立つ。そして、「ああ、ロクな社員しかいない」と嘆くわけだ。しかし、初めからそんな社員しか来ないのが中小企業の宿命なのだから、これはもう諦めるしかない。忍耐、愛情、理解ができたら、次に諦めることを考えなければいけないのだ。とにかく諦める。その諦めができないから腹が立つし、嘆くし、悔やむわけ。諦めたらストレスなんか溜まらない。

「ええ、しょうがないんです。最初から諦めています。そこからのスタートだと観念して頑張っていくしかありません」

そのように、諦めのいい経営者なら、自ずから努力の方向性が見えてくるだろうし、出来の悪い部下でも育てられるはず。反対に、諦めの悪い経営者には部下は使えない。そう思って、多くは望まないことだ。どんなに望んでも相手は自分とは別々の環境、別々の価値観、別々の時代に生きているわけだから。それをいかに早く悟るかが、経営者としての賢さ、理解力、咀嚼力、順応性であるのではないだろうか。

第三章　接客、接待術の極意

接待のときの店選びはこうやる

相手を十二分に満足させ、心から喜ばせる接客、接待とはどういうものなのか。この章ではそれをテーマに書き進めたいと思うが、これから述べる接客術はあくまでも私の体験に基づいたもの。これが接客、接待術の全てというわけではない。が、以下に述べることだけでも体得すれば、かなりのレベルの接客術を身につけることができるのではないかと思う。

さて、接客といえば一般的に、料亭なりレストランなりを使うのが普通である。厳密に言えば、それは接客というよりむしろ接待と言うべきかもしれないが、とりあえずは料亭やレストランを使った接客術について語ってみたい。

さて、料亭やレストランでVIPをお持てなしする時、あなただったらどうするだろうか。知らない店、行ったこともない店に予約を入れるだろうか。あるいは、馴染みの店を使うだろうか。まあ、そんなこと、尋ねるまでもあるまい。誰だって知り合いの店、馴染みの店を使うに決まっている。私だってそうだ。どんな料理を出してくれるのか、どの程度のサービスをしてくれるのか、それもわからなければ、とても怖くてＶＩＰをご招待することなど、できる相談ではない。
その程度のことは誰だってわきまえているものだが、では、その馴染みの店ではどの程度楽しめるのか、どの程度感動できるのか、どの程度嬉しいのか、というところまで徹頭徹尾調べ上げているのか、いないのか。想像するに「まあ、名の通った店だから大丈夫だろう」「料金的にも高級な店だから、文句は言われないだろう」などと、名前や料金を判断材料にして店の選定をしている人が大半ではないだろうか。それでは甘い甘い。とても接客の達人とはいえない。

例えば、目当ての店にはキリンビールしか置いていないのだけれど、招待するＶＩＰは大のスーパードライ党で、それ以外は飲まないという人だったらどうだろう。あるいはまた、カラオケ大好き人間なんだけどカラオケの設備がないとか、鰻が嫌いなんだけど鰻料理中心の店だったとか、そういう場合、どうなるだろう。たとえ口には出さなくても、心のどこかに不満が残るはずで、少なくとも、心から満足し、心から感動し、心から喜んでもらうことはできないだろう。たとえ有名な店であろうと高級な店であろうと、必ずしも最上の接客ができるわけではないのだ。

では、どうやったら心から満足し、心から感動し、心から喜んでもらえる接客ができるのだろうか。それには、上司・目上に対する時と同様、相手の性格を見抜き、趣味、趣向、特技を知悉することである。相手は何が好きなのか。魚なのか肉なのか。ビール党なのかウイスキー党なのか。あるいは日本酒党なのか。日本酒党だったら、隠れた銘酒を探し歩くのが好きなのか。あるいは、静かな店が好きなのか、女の子のいる店でわいわい騒ぐのが好きなのか。そこまで徹底的に調べ上げ、相手の趣味、趣向に合った店選びをすれば、最高の接客ができるだろうが、それを怠って、店の名前や料金だけを頼りに店選びをしていたら、まあまあの接客しかできない。

たかが接客、そこまでやる必要があるのか、と言う向きもあるかもしれない。だが、たかが接客などとタカをくくっていてはいけない。相手の急所を突いた接客をすれば、

「おっ、こいつ、なかなかやるな。仕事をやらせても、きっと優秀な奴に違いない」と思わせることだって可能だし、逆に、ありきたりの接客をしたら、

「まあ、こんなものだろう。能力的には凡庸だな」という評価を下されてしまうかもしれない。人物評価というのは、意外とこんなところでなされることが多いものなのだ。決して安いとはいえない料金、決して短いとはいえない時間を使いながら、「あいつはダメ」「あいつは使えない」なんて評価されたら、それこそ泣きっ面に蜂。これほどつまらないことはない。

だったら、たかが接客などとタカをくくっていないで、最上の接客ができるよう、しっかりとポイントを学びたいものである。

接客、接待には普段からの観察力が不可欠

ところが、じゃあどうやったら性格や趣味を知ることができるのか、という話になると、これが案外難しい。メモを片手に刑事よろしく、

「失礼ですけれど、どのような性格をされていますか。温厚なほうですか、怒りっぽいほうですか。趣味は何ですか。ゴルフですか、マージャンですか、それとも釣りですか。特技は何かありますか。えっ、ソロバン三級に車の運転ですか」

と聞き歩けば教えてもらえるだろうが、まさか、そんなことできるわけがない。まあ、時と場合によってはそれも許されるかもしれないが、そんなことをしただけで、非常識な奴、仕事のできない奴との烙印を押されてしまうのが普通だ。

では、どうしたらいいのか。結論から言えば、普段から相手の行動をよく観察すること。これ以外に、性格や趣味を見抜く方法はない。

日頃の何気ない行動、表情、言葉遣いを注意深く観察していれば、ああ、この人はこういうことで喜ぶんだな、こんな言い方をすると怒るんだな、こんなところで寂しく感じるんだなと、だいたい察しがつくものである。その観察力を普段から磨いている人は、仕事をやらせても抜群だし、接客をやらせても最高の接客ができるはず。反対に、いつもボーッとしているだけで、何を見ても何を聞いても感じない人、鈍感な人、いちいち言われなければわからない人、気配りのできない人。こういう人はもう、仕事をやらせても最低だし、ましてや接客などハナからできるわけがない。

船場の後継者教育に学ぶ接客の極意

だから、接客をするにしても仕事をするにしても、普段の観察力、気配りがモノを言うのだが、それを徹底的に鍛える伝統を残しているのが大阪の船場である。大阪の船場といえば、全国的にも有名な繊維の問屋街である。その船場の老舗では昔、跡継ぎになる子供には厳しい教育を施していた。それは無論、由緒ある暖簾《のれん》を守るためなのだが、どんな教育をやっていたのかといえば、シジミ売りである。後継者と目した子供が小学校の一年生か二年生になったら、シジミを売って歩かせるわけだ。

「シジミー、いかがすかあ。シジミー、いかがすかあ」

と、一軒一軒、声を掛けながら売って歩くのだが、シジミなんかそうそう売れるものではない。

「シジミなんか要らん。帰れ、帰れ」

と、取りつく島もなく追い返されることもあれば、

「おう、坊や、感心やなあ。ほな、買うてやろ」

と、温かく迎えられることもある。かと思えば、

「少し負けときな。そんなら買うてやる」

と、値切られそうになることもある。

追い返す客、感心だと言って買ってくれる客、子供相手に値切ろうとする客……そういう様々な客に接することで、人はどういうことを言うと怒るのか、どういうことを言うと喜ぶのか、といった人間の喜怒哀楽を肌を通して学ばせ、値切ろうとする客にはどう対応したらいいのか、という商売のコツを身につけさせるために、子供の小さいうちから苦労させるわけである。

そうした訓練を受けて育った人はやはり、相手の表情をパッと見た瞬間、胸の内まで見通してしまうほどの観察力を身に付けているものである。無論、人使いはうまいし、取引先の気を損ねることがないので、跡継ぎになってもますます店が繁盛する。ところが、厳しく鍛えられることなく、わがまま放題、自由気儘に育てられた人間が跡を継いだら、これは悲惨。店が傾くこと必定である。

店主がわがままで、気配りができなければ、手代さんや丁稚さん、あるいは仕入れ先など周囲の人間が、店主のご機嫌を損ねないように気を使う。と当然、お

客さまの気持ちを逃がしてしまい、その分、注文も減っていく。そればかりか、有能な手代、丁稚も逃げ出すことだってある。こうして、歴史と暖簾を誇る老舗の大店も、次第に傾いていくのである。

それを恐れるから、船場商人にしても近江商人にしても、あるいは伊勢商人にしても、後継者たる自分の子供がわがままな人間にならないよう、小さい頃から厳しくしつけてきたわけだ。

では、わがままに育てないということはどういうことなのか。人はどういう時に喜び、どういう時に感激し、どういう時に腹を立て、どういう時に寂しいのか、それを自らの体験を通して知悉し、自分が嫌だなと思うことはなるべくしない、自分が嬉しかったなと思うことは人にしてあげる。そういう人間に育てることが、わがままに育てない、ということである。

そのためには、人並み以上に辛い体験も必要だろう。あるいはまた、無上の喜びを体験する一瞬も必要だろう。子供から少年、少年から青年、青年から大人へと成長していくプロセスのどこかで、そういう体験を積み、喜怒哀楽の機微に精通した人間は、やはり接客上手である。接客術とか接客の極意はどこでどのように学ぶのかといったら、それしかない。とにかく、喜怒哀楽の機微、人情の機微に精通すること。接客術の極意とはそういうことである。

人情の機微に通じるためには

こんな話をすると、必ずと言っていいほど、こう言ってくる人がいる。

「喜怒哀楽の機微に通じろと言われたって、甘やかされて育ったおれに今さらできるわけがない」

そんな気分になるのもわからないではないが、諦めるのはまだ早い。上司・目上を相手にトレーニングをすれば、誰だって人間の喜怒哀楽を敏感に察知できるようになるのだ。一口に上司と言っても、気の短い上司、やさしい上司、マイペースな上司といった具合にいろいろなタイプがあるし、一日のうちでも朝と昼とでは気分が違うし、晩になればまた変わってくる。そのように上司を絶えず観察していて、どうしたら喜んでもらえるのか。それを研究すればいいわけだ。

その結果、ああ、こうすれば上司は満足し、喜んでくれるんだなとわかったら、それをそのまま接客に応用すればいいだけの話である。上司に接するが如くに接し、上司にお仕えするが如くにお仕えし、上司とともに楽しむが如くに楽しんでいけば、それがそのまま接客術になるわけだ。

だから、自分を生かしながら上司・目上も生かし、上司・目上を生かしながら自分も生かすということが日頃からできている人は、何をやってもうまくいくし、自ずから接客もできているはずで、逆に、接客が不得意だという人は、上司・目上との付き合いも不得意に違いない。断言はできないが、上司・目上から疎んじられることはあっても、可愛がられたり、認められることは少ないのではないだろうか。

いずれにしても、接客がうまくなりたかったら、上司・目上にお仕えするという訓練を積み重ね、人の喜怒哀楽、人情の機微に精通する自分自身をつくっていくこと。これが基本である。

植松先生から学んだ女性の接待

自分で言うのも何だが、私はいま、「接客？　私に任せなさい！」と言えるくらい、接客に自信を持っている。達人の域に達しているかどうか。それは他人が判断することなので、自分の口からは言えないが、接客にかけてはそんじょそこらの人間には絶対に負けない。それくらいの自信がある。

そんな私でも、女性を接待するという話になると、これにはあまり自信が持てなかった。女性を接待した体験がなかったからである。ところが幸いにも、二〇代の半ばに、植松愛子先生という女性の恩師に出会うことができた。以来、上司に接するがごとく、目上に接するがごとく植松先生にお仕えしてきたのだが、実は、その中で女性を接待するときのツボを学んだのである。

植松先生がお住まいになっていたのは山の手の高級住宅街。無論、近所にはいわゆる山の手婦人がたくさん住んでいて、交わされる会話も、当然のことながら上流社会のそれだった。

「まあ、いいわね、オガワケンへいらっしゃったの。あそこは味がお上品で、何をいただいても美味しいですものね」

えっ、オガワケン？　ラーメン屋だろうか。でも、ラーメンの味が上品なんて、何か変だな。尋ねてみると、オガワケンというのは小川軒と書く高級料亭なんだとか。

「じゃあ、今度、その小川軒に行きませんか」

ということで、植松先生と一緒に小川軒に行ったのだが、私は店にいる間、ただボーッとしてはいない。女性はどんなものを好むのか、それを知るために植松先生の言動を注意深く観察することを忘れなかった。あるときまた、植松先生はこうおっしゃった。

「ねえ、深見さん、私も一度、マキシムに行ってみたいわ」

きっと、ご近所の奥様から話を聞いて行ってみたくなったのだろうが、突然マキシムと言われたって、私にはチンプンカンプン、何のことかわけがわからない。マキシムって何だろう。宝石のお店だろうか、それともファッション関係のお店だろうか。

「先生、マキシムって何ですか」

「あら、マキシムも知らないの。銀座のレストランよ。お昼は八〇〇〇円ぐらいらしいわよ。ねえ、行きましょうよ、行きましょうよ」

そこまで言われたらお断りするわけにはいかない。さっそく、車で銀座へ向かうと植松先生、こうおっしゃる。

「ああ、久しぶりの銀座だわ。やっぱり銀座って華やかでいいわね」

(ははーん。女性は銀座のような華やかな場所が好きなんだな)

マキシムに着くと、

「雰囲気が素敵ね。インテリアがいいわねえ」

(ははーん。女性は雰囲気を大切にするんだな。インテリアなんかも、けっこうよく観察するんだな)

そこにボーイがやって来る。

「ボーイさんたち、マナーがとってもいいわねえ」

(ははーん。ボーイのマナーがいいと喜ぶんだな)

続いて料理が運ばれてくる。

「このお皿、とっても素敵。これ、何かしら。あらボーンチャイナだわ」

（ははーん。女性は料理よりもまずお皿に目が行くんだな）

そうやって女性特有の喜怒哀楽の機微――女性はどんなことに興味を持つのか、どういう雰囲気を喜ぶのか、どんなことに怒るのか、ということを学んできたから、女性の接待にも自信を持てるようになったのである。植松先生を実験材料と言ったら失礼だが、植松先生の言動を観察して覚えていったわけだ。

男性の接待は酒飲みの父から

男性を接待するときのツボは父から学んだ。といっても、手取り足取り教えてもらったわけではない。父を接待しながら、自力で覚えていったのである。

何度も言うように、私の父は大酒飲みの出鱈目な男だった。それが、子供の私には嫌で嫌で、どうにか直してもらいたいといつも願っていた。それくらいだから、私自身、酒はあまり好きではなかったし、タバコは一度も吸ったことがない。また、歓楽街の女性たちとワイワイ騒ぐのもあまり好きではなく、それより本を読んで勉強してたり、あるいは歌を歌ったり、芸術的な世界に興味を持っていた。

だから、

「おい、たまには酒を飲みに行こう。カラオケでも歌おうや」

と父から誘われても、

「嫌だ。お酒なんか飲みたくない」

と、突っぱねてばかりいた。ところが、ある時、ふとしたことから、私のほうから飲みに誘うことになったのだが、そのときの父の驚きようといったらなかった。

「お父さん、飲みに行こう」

「えっ、お前、いま何て言った?」

「飲みに行こうと言ったじゃないか」

「えっ、本当か」

「本当だよ」

「本当に本当か」

「本当だと言ったら本当だ」

ということで、生まれてはじめて父と一緒に飲みに行ったのだが、その店はかって、会社の接待で使ったことのある店で、父には馴染みがなかった。

「わしは知らん店は嫌じゃ。わしの知っている店へ行こう」

「いいじゃないか。今日はぼくが連れて行くんだから」

「嫌じゃと言ったら嫌なんじゃ。それともお前、わしに無理強いするつもりなのか」

　他人には無理強いする、無理強いの固まりのような男のくせに、自分の事となると「無理強いするな」だから、本当に嫌になってしまったが、それでもどうにかこうにか、目指す店にたどり着くと、さっきまでの機嫌の悪さはどこへやら。隣の女性とワイワイギャーギャーの大騒ぎ。私をつかまえては、

「お前もどんどん飲め。それに歌を歌え。おれに遠慮するな」

である。私は元来、お酒が飲めるクチではないのだが、こうなったら毒を食らわば皿までだとばかりに、慣れないウイスキーを舐めながら、隣の姉ちゃんをダシに――と言ったら言葉が悪いが――クダまいて騒いでいると、

「おっ、お前、話がわかるようになったじゃないか」

　話がわかるようになったんじゃない、バカ親父に合わせているだけなんだ――

と、よほど言ってやろうかと思ったが、そんなことを言ったら、そこらじゅうの皿だのコップだのが飛んでくる。自分の家ならまだしも、知り合いの店でそんな大立ち回りを演じられた日には、連れて来たこっちの立つ瀬がない。ここは忍の一字とばかり、何事もなかったかのごとく、飲んだり歌ったりしていると、今度は、

「おい、お前、そんなに飲んで、体、大丈夫なのか」

と、私の体を心配する。

(人のことより、自分のほうこそ大丈夫なのか)

それも口に出さないでひたすら酒を舐めつづけ、歌いつづける。文学性とか芸術性なんてまるでないが、まあ、こんなバカ騒ぎをするのもたまにはいいんじゃないか。そんな思いがよぎった刹那、仲間と一緒にワイワイ騒ぎながら酒を飲んでは、意気投合することに喜びを感じる父の心情が理解できたような気分になった。

お酒のつき合いでも何でもやれるようになったのは、それ以来である。

「接待の本質とは己を殺すことである」

そのように、酒席の接待については父親を実験材料にしながら〝独学〟で覚えていったのだが、一つだけ父から教わったことがある。父はもともと政治家で、選挙参謀もやったことがあるので、接待については一家言を持っていたのだろう。

ある日、父が私にこう言ってきた。

「晴久よ、お前に接待の本質を教えてやろう」

一体、何を言うのかと素直に耳を傾けたら、なかなか鋭いことを言うので驚いた。

「接待とはな、己を殺すことなんだ。だから、接待しようと思ったら、まず己を殺さなければいけない。だが、己を殺しただけじゃダメなんじゃ。己を殺して接待しているということが相手に伝わったら、向こうも気を使うだろう。向こうも接待上手だったら、『ああ、己を殺して一所懸命、自分のために接待してくれているな』と思うよな。それじゃあ、相手をもてなしたうちに入らない。本当の接待、接待の極意というのはな、己を殺すんだけれども、相手に感づかれないようにいかに己を殺すか。これなんだ。これが接待というものの本質なんだ。わかったか」

なかなかに的を射た言葉ではある。だが、今にして思えば、父の言う接待の極意だけでもまだまだ足りない。その後、体験を通じて私なりに体得した接待の極意について整理すると、おおむね次のようになる。

まず第一に、接待をしなければいけないから接待をするんだ、という姿勢ではダメ。これは最低レベルの接待である。なぜかと言うに、「ねばならない」という気持ちで向かっていたら、まず自分自身にストレスが溜まる。ストレスが溜まったら、「もう接待はやりたくない」という気持ちになり、接待を避けるようになり、接待の回数が減る。すると、ますます不得意になる。不得意になるとさらに接待が嫌いになるという具合に悪循環に陥るし、接待される側にも「ねばならない」という意識が伝わるので、接待の場が気を使わせる場になりかねない。だからまず「ねばならない」という意識をなくすこと、これが第一。

では、どうしたら「ねばならない」という意識をなくすことができるのか。これが第二のポイントだが、結論から先に言えば、自分も半分楽しむこと、である。

というのも、接客とか接待というものは、「ねばならない」からやるものではなくて、自ずから自然にしてしまったという感覚。これが最も大事であるからだ。

例えて言えば、「この女性、素敵だなあ。結婚したいなあ」と思ったら、気付いた時には既に子供ができてしまっていたという、あの感覚。あの感覚なんて言ってはみたものの、独身で子供もいない私には、実はよくわからないのだが、「この人と結婚したい。それには毎日電話をしなきゃ。最低でも週に一回はラブレターを書かなくちゃ」というふうに、ねばならないと思ってやるのではなく、気が付いたら受話器を握っていた、ラブレターを書いていた、というのでなければいけない。

それには自分も半分楽しむこと。接待していることまで忘れて、自分が主役になってドンチャン騒ぎをしてはいけないが、半分、相手と一緒になって楽しんでしまえば、「ねばならない」という意識をなくすことができるはずだ。

この二つのポイントをマスターできたら、接客の達人になった、接客の極意を体得したということである。人と会うのが好きだ。人とお話をするのが好きだ。人と接し、人をもてなし、お接待することが自然にできて、自分もどこか楽しんでいる。そして、気が付いたらまた接待していた、というのが接待の達人である。「ねばならない」から接待するというのは、接待の修行者である。剣道でも、気が付いたら打ち込んでいた、というのが最上とされる。打つぞ、打つぞと全身全霊を込めて立ち向かうのではなく、気が付いたらもう打っていた、無意識のうちに相手を斬っていた、と。それが剣道の達人である。茶道でも、お茶を立てて上手におもてなししなければ、というのではなく、気が付いたら自然にお茶を立てていた、おもてなししていた、というのがお茶の達人。「ねばならない」から接待するという次元では、接待をマスターしたことにならない訳だ。

自分も半分楽しむ、これが接待の極意

いつだったか、もうかなり昔の話だが、父の仕事関係の人を接待することになった。そのとき父は何を思ったのか、私に接待を命じた。

「晴久、お前、行ってこい。いいか、接待というのは前にも言ったように、己を殺すことなんだぞ。それを忘れるな」

父の知り合いなんだから、父が接待すべきじゃないか。なぜ、自分で接待しないのだろうか。不思議に思いながら、行きたくもない接待に出かけたのだが、件の人物は恐ろしいばかりの大酒飲みだった。

まず一軒目は赤坂のクラブ。彼は大阪の人である。ところが、赤坂に行ったことがないので、「赤坂に行こう、赤坂に行こう」とせがまれる。そこで、私の知人から紹介された馴染みの店が何軒かあって、その時行った先もそのうちの一つで、何という店だったか名前はもう忘れたが、外国人のホステスがいることで有名なクラブであった。

席に着くや否や、彼はぐいぐい飲みはじめる。高級外人クラブなんていう場所に足を踏み入れたことのなかった彼は、もう大喜び。私は彼の飲みっぷりにただただ唖然とするばかりであった。そんな私が気になるのか、

「兄いも飲めや。な、飲めや。ここの外人さん、べっぴん揃いやな。とにかく、兄いも飲めや。な、兄い」

と、「兄い、兄い」をやたらと連呼しながら、盛んに酒を勧める。

「〝アニーよ銃を取れ〟じゃないんだから、兄い、兄いだけはやめてくださいよ」

と言っても、まるでお構いなし、相も変わらず「兄い、飲め」である。自分は自分でウイスキーをガブ飲みしながら、その合間に下品なギャグを連発しては、ギャハハハハとバカ笑い。で、両隣のホステスはと見れば、ポカーンとしているだけで反応なし。それもそのはず、外国人相手に関西弁で早口でギャグを言ったところで通じるわけもない。私が英訳してやってはじめてアハハハと声を上げて笑うのだが、英訳したギャグは全然違うギャグ。それも知らずに、

「どや、面白いギャグやろ。な、面白いやろ」

なんて言いながら一緒になってギャハハハと笑っているのだから、無邪気といえば無邪気ではある。だが、彼の下品な言葉、下品な態度はたまらなく不快で、とても私の体質に合うものではなかった。接待だから仕方ないけど、そうでなかったら絶対におつき合いしたくないタイプの人である。それでも、「接待とは己を殺すこと、殺していることを感づかれてもいけないんだ」と自分に言い聞かせ、その場はどうにかやり過ごすことができた。

そして、いよいよお開きの時間。やっと終わった、これで家に帰れる。そう思ってホッと胸をなで下ろしたのも束の間、

「兄い、次、行こ」

と、二次会へ行くのは常識なんだと言わんばかりの顔で言う。結局、その日の接待は二次会、三次会はおろか、何と五次会まで延々と続くことになったのである。

まあ、二軒目ぐらいまではそこそこ体力、気力ともまだ余裕が残っているものの、三軒目ぐらいになるともういけない。ボトル一本とまではいかないまでも、すでに相当量を飲んでいるので足元がおぼつかず、二人して肩を組みながら、夜の赤坂の街をあっちへフラフラこっちへフラフラと歩いていく。その道すがら、彼は突然、軍歌を歌いはじめる。

「徐州、徐州と人馬は進む、徐州居よいか住みよいか……」

まさに放歌高吟《ほうかこうぎん》。一〇〇メートル先にも聞こえるようなバカでかい声で歌うものだから、こっちは恥ずかしくてしょうがない。と、そのうち涙ぐんできて、

「なあ兄い、軍歌はええやろ。兄いも一緒に歌え」

と、強要する。ああ、父と同じタイプの人なんだ。この世代の人は皆軍歌が好きなんだ。そう思いながら、

「はい、いいですね、軍歌は」

なんて、適当な相槌を打っていると、今度は戦争中の話を持ち出して、やたらと説教を始める。

「いやあ、あの時はほんまに大変やった」

「ええ、大変でしたね」

「君は、戦争を体験したのか」

「いいえ、体験してはおりませんけれど、漏れ承るところによりますと、たいそう大変だったそうで。父から聞いております」

「そうやろ。若い兄いが戦争を知ってるはずないわな。兄いら戦争を知らん世代は根性がなっておらん。そう思わんか、兄い」

そんな話を聞かされながら、どうにか四軒目にたどり着いたのだが、そのころになるとさすがに気力、体力とも底をついて、「これだけ飲んだんだから、もういい、十分だろう。いい加減にしてくれ、勘弁してくれ」という気分になってくる。そのとき、ハッと気がついた。

そうか、酒にかけては百戦錬磨の父も、この人の接待には音を上げていたんだ。

だから、私に接待を命じたんだ。そのくせ、「いいか、接待とは己を殺すことなんだぞ」なんて、よく言うよ——とは思ったものの、接待が己を殺すことであるのは間違いないし、気を使っていることを感づかれてもいけない。仕事柄、接待をする側に回ることもある彼のことだから、酔っぱらいながらも、私がどのように接待するのか、ちゃんと見ているだろう。それに、いくら何でもこの店で終わりだろうから、最後まで手を抜かず、きちんと接待しなければ……。

そう気を取り直して酒につき合ったのだが、四次会が終わるころになるともういけない。頭はクラクラするわ、胸はムカムカするわで、気分最悪。トイレで鏡を見れば顔面蒼白である。

「兄い、どうしたんや、大丈夫か？」

と心配してくれるのだが、本人はまだまだ元気。そして、店を出た途端、何と、

「さあ、次、行こ。夜はこれからや！」

と、夜空に向かって叫んだのだ。その時である、私の心の中に彼を裁く思いがふつふつと湧いてきたのは。

（まだ飲み足りないと言うのか、この大酒飲みが。五次会まで行こうなんて、そ

のお金は一体、誰が払うと思っているんだ。こっちじゃないか。自分は一銭も払わないくせに。このたかり屋め。言うことは下品でくだらないギャグばかりで、まるで知性というものがないじゃないか、知性が）

と、倫理、道徳で裁こうとする気持ちが湧き上がってきたのだ。

だが、それではいけない。裁く思いで相手を見た瞬間、心の内を見透かされてしまう。どんなに隠そうとしても、目や顔の表情、態度に表れるから、そこを読み取られてしまう。だから、倫理、道徳で裁いてはいけないんだ、裁く心を捨てなきゃいけないいんだと一生懸命思い込もうとするのだが、如何せん、精神的にも肉体的にももはや限界である。知らず知らずのうちに、「この大酒飲みが、このたかり屋が」という思いが湧き上がってくる。二人で肩を組み、またまた軍歌なんかを歌いながら、意気投合したかのように装いながら真夜中の街を歩いていくのだが、やはりどこかぎこちない。

さて、どうしたものか。そのときふと思い付いたのが、一緒に楽しんでしまえばいいいんだ、ということだった。

それまで私は、「己を殺さなきゃいけない。殺していることを察知されてはならない」と自分に言い聞かせ、精一杯、接待していたつもりであった。しかし、そういう「ねばならない」という気持ちだけでは、結局ストレスが溜まるし、疲れ果ててしまう。だから、己を殺すだけではダメなんだ。自分も半分楽しまなければ、とても接待なんてやっていられないのだ。接待しているその一瞬一瞬は、自分にとっても人生の大事な一コマなんだから、たとえ相手が大酒飲みであろうと、浮気者であろうと、博打好きであろうと、たかり屋であろうと、下品な人間であろうと、半分、一緒になって楽しまなければ……。

そう思った瞬間、気分がスーッと楽になったばかりか、理屈を越えた和気藹々《わきあいあい》とした雰囲気が感じられたのだから不思議だ。

父の言った「接待の極意とは己を殺すことなんだ。しかも、それを相手に感づかれないようにすることなんだ」というのも正論である。だが、それだけでは足りなかった。それに一厘加えて、「自分も一緒になって半分楽しむ」。これが接待の極意なのだ、ということが、その時はじめてわかったわけである。

倫理、道徳で裁いてはいけない

どんな時でも、どんな人が相手でも接待ができるようになったのは、それ以来である。もちろん、接待ができたなら、接客も当然できるようになる。接客とはお酒とか飲食が伴わない接待だから、お客さんの心の中にパッと飛び込んでいけるわけだ。

ところで、接待の基本は「己を殺す」ことだが、それができる人は少なくない。また、相手に感づかれないように己を殺せる人もいくらでもいる。だが、自分も一緒になって半分楽しむとなると、これがなかなかに難しい。もちろん、気心の通じている人、気の合う人とならら楽しむことができるだろう。というより、気が付いたら一緒に楽しんでいた、というケースのほうが多いだろう。

だが、嫌いな相手、体質的に合わない相手を接待するとなったら、これは非常に難しい。信じられないくらいに酒好きだったり、救いようもないほど助平だったり。金に汚なかったり、たかり屋だったり、あるいは二枚舌だったりゴマすり人間だったり。そういった自分が嫌いなタイプ、性格的に合わないタイプの人が相手だったら、とても楽しむことはできないし、自然、態度もぎこちなくなる。

そういう場合、どうしたらいいのかといえば、前にも述べたように、倫理、道徳で裁かないことである。人間はかくあるべし、なんていう倫理観なり道徳観なりを持っていれば、必ず目の奥と心の奥で裁いてしまう。だから、少なくとも接待のときには倫理観、道徳観はいったん脇に置いて、相手の人格の全てを容認することである。

クセの多い人だけど、とにかく人間として地上に生きていて、税金を納めていたら立派な国民だ、こんな人間でも、心配している親がいるんだ、バカであればあるほど親が哀れに思うはずだ。酒飲み、大いにけっこう。人類を救い、世のため人のために役に立つ理想の性質、それは酒飲み！　酒こそ人生の母、酒飲みにはバッカスの神が守護しているんだあ——そう思っていると、心がウワーッと広がって、それが向こうにも自然に伝わる。

「今日は実に楽しい。こんなにやってもらって、本当にありがとう」

これが接待、接客の極意であり、そういう内面性というか、心の技術をマスターすれば、ゴルフであろうとマージャンであろうと、あるいはスキーであろうと酒であろうとダンスであろうと、何にでも応用がきくようになる。もちろん、上司・目上に対する時だって同じである。

上司・目上には誰だって気を遣うものだが、気を遣っているだけではどこか腰が引けて相手の懐に飛び込んでいくことはできない。ましてや、上司・目上とはこうあるべきだ、何か問題が生じた時には責任を負うべきだ、などと倫理観、道徳観を先に立てれば、間違いなく裁きの心が生まれるし、その分、上司・目上から敬遠される。

上司・目上から見れば、自分の懐の中にポーンと入ってくる部下、これがやはり可愛いいし、引き立ててやろうと思う。そう思わせるには、気を遣いながらも、上司・目上と一緒にいるひとときを楽しむ。すると上司も、自分の懐の中にポーンと入ってくるハトや手乗り文鳥、あるいは犬や猫みたいに、可愛い奴だとハートで感じるもの。いわゆる、「窮鳥《きゅうちょう》、懐に入れば猟師も殺さず」というやつで、ここに接待や接客の重要なポイントがあるのだ。

求められる和光同塵《わこうどうじん》の精神

私の会社と取り引きしている香港の輸出業者の一人に、リーさんという人がいる。彼は、私が最初に香港に進出した時に知り合った業者で、かれこれ十七年来の付き合いになる。そのリーさんから聞いた話だが、日本の輸入業者が彼のところへやって来てまず最初に言うのは、

「おい、酒を飲みに連れて行け」

なのだそうだ。そして、酒に連れて行くと、次は決まって、

「おい、いい女を紹介しろ」と、女の話になるんだとか。さぞやリーさんも大変だろうと思って聞いてみると、悠揚迫《ゆうようせま》らぬ態度でこう言う。

「なかなかいい女性がいなくてねえ。努力して探しているんですけどねえ」

この台詞を聞いて、皆さんはどう思うだろうか。酒を飲ませろ、女を紹介しろとしつこく迫る業者は少なくないから、決して他人事ではないはずだが、あなたがもし倫理観、道徳観の強い人、あるいは宗教心のある人だったら、きっと眉をひそめてこう思うに違いない。

「酒だの女だのと、何と不道徳な。ましてや、取引先のために女を探すなんてとんでもない。さっさと断るべきだ」

そんな気持ちはわからないではない。だが、それを前面に押し立てていたら、ビジネスはやっていけない。宗教的理念に生きて、宗教的な真実を追求し、宗教的な善を広めるというのならもちろん、不道徳な求めに応じるわけにはいかないだろうが、ビジネスの世界は別。酒ばっかり飲んでいては体を悪くする、女だなんて不道徳だ、博打なんてヤクザ者のすることだ、というふうに考えていたら、接待や接客など、絶対と言っていいほどできやしない。

要は、そういう不道徳、非倫理的な世界に身を置いていても、自分まで染まらないこと。朱に交われば赤くなると言うが、朱に交わっても自分が赤く染まらなかったらいいわけだ。それがまさに和光同塵《わこうどうじん》——光を和《やわ》らげ塵《ちり》と同じくするという、仏様が衆生を済度するときの和光同塵なんだと考えて、酒を飲みに連れていけとか、女を紹介しろと言われても、先のリーさんのように鷹揚《おうよう》に構えることである。

全てが全てとは言わないが、世の中の人間の多くは魑魅魍魎《ちみもうりょう》がスーツを着て歩いているようなものである。酒飲み、女好き、博打狂い……そんな魑魅魍魎に向かって、倫理、道徳を説いたところで、残念ながら意味はない。それより、塵と同じくし、光を和らげるのが仏様の衆生を済度する時の姿勢なんだと自分なりに納得し、割り切ってその魍魎たちを愛する。自分まで魍魎になってはいけないが、少なくとも裁かない。その姿勢を忘れないようにしたい。

倫理、道徳で、「この酒飲みが」「この助平が」「この博打好きが」「このたかり屋が」「この下品なオッサンが」と思ったら、必ず相手に通じる。だから、「お酒はいいなあ」「女性は人生の華だなあ」「博打は男らしさの象徴じゃあ」「たかりはいい。鷲より強そうだから、人からたかろう」。そういう和光同塵の気持ちで相手に向かえば、そのオッサンも好きになってくれる。「また行こう、また行こう」と、たびたび来られても困るが、少なくとも相手は好きになってくれる。

深い人間理解がなければ接待は難しい

私が接客上手になったのは、その大酒飲みの人を接待してからだったが、後になって父からこう聞かされた。

「おい、お前、彼が言っていたぞ。『いやあ、あなたの息子さんは若いのになかなかしっかりしてる。辛抱して最後まで大事に接待してくれたけど、本人は、さぞ大変だったと思うよ』って」

「そりゃ大変でしたよ。五次会まで行ってね、酔っぱらって左右に蛇行しながら歩くのを支えたりしたんですから」

と、思わず言い返してしまったが、彼もちゃんとわかっていたわけだ。自分自身が接待する側に回ることがあるから、上手な接待か下手な接待か、すべてお見通しなのだ。

彼が私の接待を褒めたのには、もう一つ理由がある。これは父から教わったことだが、クラブだとかバーに行った時には、必ずチップを渡すこと。これも酒席での接待では欠かせぬ重要なポイントだと思う。

「お前な、五〇〇〇円札か一万円札を三センチ四方ぐらいに小さく畳んでな、親指の間に挟んでおくんじゃ。で、ホステスと握手をするときに、『これ、大事なお客さんだからよろしくね』って、それとなく渡すんじゃ。わかったか」

接待する相手がまあまあの人だったら五〇〇〇円札、ＶＩＰだったら一万円札。もちろん店の格にもよるが、それ相応のお金を握手をする時にソッと渡せば、何も言わなくても向こうも感触でわかる。そのとき、

「これ、チップです。よろしくね」

なんて言ってはいけない。それとなく、

「お願いします、大事なお客さんですから」

と言うだけで十分通じる。そうやってチップを弾んでおけば、他にお客さんがいても、自分が連れて行ったお客さんを大事にしてくれるし、次の店に行くときも、そのホステスが付き合ってくれることもある。

「あの女、わしのこと気に入ってるみたいやで」

そんなことあるわけがない。助平でたかり屋のオッサンを気に入るホステスなど、どこの世界にいるというんだ。と言いたくなるが、そこはグッと堪えて、

「いや、気があるんじゃないんですか。目の光り方が違っていましたよ」

「そうか、兄いもそう思うか」

「目がピクピクしていましたよ。あの目が真実の愛を物語ってましたよ」

「そうやろ。絶対、わしに気があるで」

こんな下らない話を何時間もしては、また次の店に行く。そして、行く先々で「お願いしますね」とチップを渡す。すると、「皆、どこでもわしのこと大事にしてくれるなあ」と、大事にしてくれたという温かい気持ちが残るわけだ。

最初の接待の時は、吐きそうで吐きそうで死ぬほど苦しかった。それでも彼は大阪からやって来る。で、三回目から私も悟ったわけだ。

接待の極意は、結局、相手を倫理、道徳で裁かないという一点にあるわけで、その壁を越えられれば自分も楽しめる。楽しめないのは、人間は本来こうあるべきだ、彼はおかしい、間違っていると、目の奥で裁いているからである。それでは人間理解が浅い。仏様のように和光同塵の精神で向かうのが本当なんだと自分に言い聞かせたら、その思いが波動となって相手に伝わるから、本当に素晴らしい接待ができるのである。

勝海舟の説く明鏡止水の境地、その効用と限界

ところで、『氷川清話』という本をご存じだろうか。あれは勝海舟が書いたものだが、彼はその中で、自分は未だかつて一度も外交交渉で失敗した例がない、なぜなら、つねに明鏡止水の境地で臨んでいたからだ、というようなことを書いている。非常に面白い内容なので、以下、その部分を紹介しよう。

「おれはこれまでずいぶん外交の難局に当たったが、しかし幸い一度も失敗はしなかったよ。外交については一つの秘訣があるのだ。

心は明鏡止水のごとし、ということは、若いときに習った剣術の極意だが、外交にもこの極意を応用して、少しも誤らなかった。こういうふうに応接して、こういうふうに切り抜けようなど、予め見込みを立てて置くのが世間のふうだけれども、これが一番悪いよ。

俺など、何も考えたり、目論んだりすることはせぬ。ただ一切の思慮を捨ててしまって、妄想や邪念が、霊智をくもらすことのないようにしておくばかりだ。即ちいわゆる明鏡止水のように、心を磨き澄ましておくばかりだ。こうしておく

と、機に臨み変に応じて事に処する方策の浮かび出ること、あたかも影の形に従い、響の声に応ずるがごとくなるものだ。

それだから、外交に臨んでも、他人の意見を聞くなどは、ただただ迷いの種になるばかりだ。甲の人の説を聞くと、それが暴《あら》いように思われ、また乙の人の説を聞くと、それも暴いように思われ、こういうふうになって、遂には自分の定見がなくなってしまう。結局、自分の意見があればこそ、自分の腕を運用して力があるのだが、人の知恵で働こうとすれば、食い違いのできるのはあたりまえさ」

私の知っている限りでは、勝海舟はまさに接客の達人だった。その勝海舟は、ここで明言している通り、外交交渉において一度たりとも失敗しなかった、ということだが、その理由は明鏡止水、即ち鏡のごとく波立たない水のような境地で外交交渉に臨んでいたからだという。相手がどう出るかわからない。だから、会う時には何も考えず、何も準備せず、明鏡止水の境地で臨機応変に対応する。そうすれば一度も失敗しないんだ、というわけである。

さすがは勝海舟、言うことが非常に深い。だがしかし、私から言わせれば、これでもまだ甘いし、浅い。剣と禅を極めた人だったから、剣禅一如のようなこう

いう言葉を残したのだろうが、彼の言う明鏡止水だけでは足りない。これに私が付け足すとしたら、

一、温かい好意と思いやりの波動を足す
二、他力を加える。つまり、相手の背後霊、自分の背後霊、出雲の大国主の応援をたのむ

まず第一は、明鏡止水にプラス、温かい好意をもって相手を見て、相手のことを思い遣ってやるということ。こうやって温かい波動を向けると、当然、相手も好感を抱くはずである。

例えば、サービス業の人なら誰でも体験していると思うが、時折、第一印象の頗る悪い客がやって来ることがある。目つきが異様に鋭くて、身に付けている服も普通ではなく、見るからにヤクザっぽい男とか、あるいは、やたらとケバケバしい身なりでものすごい厚化粧の女性とか、店に入ってくるなり、「何だろう、この男は？　一体、何をしに来たんだろうか」「ななな何なの、このおばさん

は？　とっても不気味だわ」と、思わず身構えてしまいたくなる客がいるものである。

すると、相手はどういうふうに感じるか。「何なのよ、何なのよ、この店は」と、同じように身構えるはずである。男だったら、「何なんだ、この店は？　接客態度が悪すぎるじゃないか」と文句を言ってくることがあるかもしれない。それはやはり、こちらが悪い念を出すからである。人相や服装や態度で判断せず、マイナスのイメージを抱かなければ、相手だって悪い念を持たないはずなのだ。

だから、明鏡止水の境地で臨むだけでなく、絶えず温かい思いやりの心で相手を見ていくこと。これが大事なのだ。人相が悪く、やたらと色黒の人が来たら、

「ああ、きっとゴルフ焼けなんだ。羨しいな、ゴルフ焼けするほどゴルフができるなんて」

と、ウソを承知で思い込み、ケバケバしい女性が来たら、無理やりを承知で、

「どこかの深窓《しんそう》の令嬢かもしれない」

と、思い込むようにすると、向こうも、会った瞬間に良い感じを受ける。接客というのは、会う一瞬が大切なのだ。その時、相手にどういう第一印象を与える

ことができるのか。それは、すべて自分の念で決まる。だから、どんな人であろうと、どんな時であろうと、常に温かい好意と思いやりをもって相手に対する。それができれば、接客術としてはあらかた成功の部類に入るといえるだろう。

　これが第一。第二に、そこからさらに他力を加える。つまり、お祈りをするわけだ。という話になると、抵抗を感じる人がいるかもしれないが、そういう人は、以下の話を無視していただいて結構。関心のある人だけ読んでいただきたい。

　さて、お祈りといっても、四六時中お祈りをしていたら、これはもうどこかの病院に入れられてしまう。接客、接待で大切なのは、ポイントごとにタイミングを捉えてお祈りすること。例えば、接客業なら、会社の始まる前に、

「今日いらっしゃるすべてのお客様の守護神さん、守護霊さん、御魂様が心から喜んでいただけますように」

　と、お祈りする。あるいはまた、重要なお客様が来る前に、ちょっとおトイレに行くか、物陰に行くかして、そこで数分間お祈りをする。すると、会った瞬間、相手の人はなぜかわからないけれどウキウキしてきて、

「このお店、とっても雰囲気がいいわねえ」

「何か、今日は気分がウキウキして、みんな買っちゃったわ」

ということになる。だから、人と会う前には必ずお祈りするようにしたいものだが、朝起きたときに祈ればさらにいい。布団の上でもどこでもいいから、朝目が醒めたら、

「今日いらっしゃるすべてのお客さんの守護神さま、守護霊さま、御魂様が心から喜び、感激していただけますように」

というお祈りをして、愛念を仕込んでおくのだ。この愛念の朝仕込みをしておくと、その日に接触する人へ愛念の波動が伝わるから、接客、接待が必ずうまくいく。ただし、愛念の朝仕込みも、そのまま放置していたのでは、時間とともにエネルギーが弱くなっていく。だから、人が来るときにはもう一度、バッテリーチャージが必要になる。そこでもう一回、

「守護神様、守護霊様、御魂様、心から喜び、感激していただきますように」

と、数分間ブツブツブツブツとリピートして、気持ちをピッと立て直す。毎回、心新たに祈り直す。これを仕切り直しと言うが、毎回、心新たに仕切り直し、祈り直す。そうすると、自分の心の努力に他力がプラスされて、エネルギーが強化

される。その結果、何か知らないうちに接客がうまく運ぶ、という不思議な体験をすることが多い。この、知らないうちにうまくいくというのが、本当の接客、接待のあり方なのであり、それができる人を接待の達人と呼ぶのである。

それともう一つ忘れてならないのは、自分の守護神、守護霊にもお祈りすること。

「私の守護神様、守護霊様、御魂様、宜しく喜んでいただけますように」

そういうふうに祈ると、自分の魂から波動が出てくる。また、自分の背後霊が相手にかかるので、相手の守護神、守護霊のみに祈るケースより数倍の効果が期待される。

さらに、出雲の大国主の大神様に祈ると、最大と言っていいほどの効果が表れる。とくに大事なVIPを接待する場合は、出雲大社の鳥居と巨大なしめ縄を思い浮かべて、祝詞を上げながら何回もお願いしたらよい。すると、何か知らないけれど、お互いがウキウキウキウキとして、双方にとって最高の結果をもたらす。

ただし、どんなに他力にお祈りし、どんなに温かい好意をもって相手に対しても、原則はあくまでも明鏡止水の境地である。こう出てきたらこう言ってやろう、こういう時にはこう言ってやろうと頭で考えていると、考えた分だけ体が硬くなる。ゴルフでも、あっちへ飛ばすぞこっちへ飛ばすぞ、何ヤード飛ばすぞと思うと筋肉が硬直し、チョロしたりスライスしたりする。それと同じである。だから、勝海舟も言っているように、予め対策を決めておかずに、後は会ってからのこと、なるようになるさ、ぐらいの気持ちで向かうこと。見合いの時でもそう。見合いはしたことはないが、こういうふうに聞かれたらこう答えてなどと事前に考えていても、実際に会ったら何も言葉は出てこない。そのように、事前に考えるのではなく、臨機応変に対応すること。これが基本中の基本、原則中の原則である。

まあ、守護神だの守護霊だのという話は信じられないかもしれないが、最後に述べたことはすべて私の体験に基づくものである。騙されたと思って、ぜひとも一度、お試しあれ。

第四章　コミュニケーションの極意

相手に興味と関心を抱かせるところからコミュニケーションが始まる

本書の最後にコミュニケーションの基本的技術について述べてみたいと思う。本来なら最初に書くべき事柄かもしれないが、これまで語ってきた職場のコミュニケーションを理解した上で読まれれば、より活用しやすいのではないか。そう思案を巡らせた上、最後にもってきた次第。コミュニケーションに自信のある方もない方も、よく読まれて、是非参考にしていただきたい。

さて、コミュニケーションとは一般に、意思の伝達、意思の疎通というふうに訳され、理解されている。たしかに、言葉の意味はその通りなのだが、では実際はどうなのかというと、意思の伝達、疎通の前に、まず興味が湧かないことにはコミュニケーションは成り立たない。

例えば、目の前にものすごい美人と、ごくごく普通の女性がいるとする。この時、世の男性たちは、どちらにコミュニケーションしようと思うだろうか。よほど変わった趣味の持ち主でない限り、まず美人の方に目が向くはずだ。逆に女性の立場からすれば、キムタクのような、すごくハンサムでスタイル抜群の男性が

いれば、

「ねえねえ、あの人、どこの人？」

「私、知らないわ」

「ねえ、ちょっと聞いてみましょうよ。名前だけでも知りたいわ」

などと興味を抱くはずである。それが女性の感性というものであって、醜さの極致みたいな男がいたら、話のタネにはしてもコミュニケートしたいとは思わないだろう。


そのように、一口にコミュニケーションと言っても、実際は相手に興味とか関心を持ってはじめて成り立つのがコミュニケーションであって、少なくともコミュニケートしたいなあという気持ちにならない限り、コミュニケーションは始まらない。

最近、盛んにコミュニケーションが大切だというようなことが言われているが、コミュニケーションを云々する前に、いかに相手に興味とか関心を抱かせるか。このほうがより大切で、意思の伝達とか疎通というテーマはその後に来るものである。その点をまず最初に強調しておきたい。

言葉よりモノを言う雰囲気

次に、如何に自分の意思を相手に伝えるかという、コミュニケーションの本題に入りたいと思う。

さて、意思を伝達する道具といったら、何を連想するだろうか。想像するに、真っ先に言葉を思い浮かべる人が大部分ではなかろうか。ところが驚くなかれ、コミュニケーション全体に占める言葉の役割は、たかだか一〇パーセントから二〇パーセント。残りの大部分が表情や身振り手振りといった、いわゆる雰囲気であることが、専門家の研究で明らかにされているのである。

例えば、髪の毛をクシャクシャにさせ、醜いばかりに顔を歪ませた女性が、「あなたのこと、かねてからずっとお慕い申し上げておりました」

という言葉を一人の男性に投げ掛けたとしよう。この時、相手の男性はどう思うだろうか。「お慕い申し上げておりました」という言葉はたしかに上品で美しい。しかし、言葉を発している本人の姿、表情、身振り手振りが醜かったら、せっかくの美しい言葉も虚しく響くだけで、醜く汚らしい印象だけが相手の心に残ってしまうことになるだろう。

ことほど左様に、絶大な威力を発揮するのが表情や雰囲気なのだが、それでもやはり、言葉によるコミュニケーションも重要である。とりわけ職場における言葉の持つ意義は重く、言葉足らずのために仕事に失敗したり、上司から誤解を受けたりすることも決して珍しくない。

表情や雰囲気のほうが言葉より大切だと言ったり、言葉も大切だと言ったり、何か矛盾しているようだが、この際、表情や雰囲気の研究は個々人に委ねるとして、ここでは、言葉によるコミュニケーションはどうあるべきか、言葉による伝達技術はどうやったら磨けるのか。これらにテーマを絞って話を進めてみたい。

意思を正確に伝達する三段階論法

言葉による伝達を考えた場合、一番大切なのは何といっても正確さである。もう少し厳密に言うと、「正確に、しかもわかりやすく、短時間で、有効に伝える」ことであり、その技術を身につけない限り、自分の意思はなかなか相手に伝わらない。それでもまあ、プライベートな場面ならさほど支障がないかもしれないが、ビジネスシーンで意思が伝わらないとなると、これは問題である。

さて、「正確に、しかもわかりやすく、短時間で、有効に伝える」にはどうしたらいいのだろうか。これについては、「いつ、どこで、誰が、何を、どうやって」という、いわゆる5W1Hなど、いろいろあるだろうが、私がお勧めするのは、次の三つのポイントを押さえる方法である。

一、結論を言う
二、理由を言う
三、背景を説明する

どのような内容であれ、この三つの段階を踏まえていたら、大変わかりやすいコミュニケーションになるはずである。例えば、電話で話をするときのように、限られた時間内でコミュニケーションする場合は、

「結論だけ言うと、あの懸案事項、やっぱりダメだったよ。理由はあとで説明す

るから。じゃあね」

とやると、だいたい一分で最低限度の中身が伝わる。しかし、なぜその結論に至ったのかという理由があるわけで、その理由も伝えなければ決して正確なコミュニケーションとは言えない。したがって、時間的余裕のある場合には理由もきちんと伝えるべきなのだが、コミュニケーションの下手な人は、「まず、こういう理由があって、それからこういう理由とこういう理由とこういう理由があって、さらにはこういうこともあるんだ」などと、やたらと理由を並べ立てたりする。たしかに理由はいっぱいあるのだろう。しかし、それらすべてを報告したら却ってわかりにくくなるだけ。理由は多くてもだいたい三つに絞る。これがポイントである。

中でも一番重要なメインの理由、これを英語でバイタル・リーズンと言うが、そのバイタル・リーズンを最初に持ってくるのが原則。「まず第一にこういう理由があったんだ」と。次に二番目に重要な理由。「この二つの理由によってこうなったんだよ」。もう一つある場合には、「それからこういうこともあったんだ」と、だいたい三つぐらいに絞るのが一番わかりやすく正確で、有効である。それ以上ある時には、可能な限り三つないし四つに絞り込んで説明する。そうすればだいたい意思は伝わるはずである。

ところが、結論と理由がわかっただけでは不十分で、

「ああ、そういう理由だったの。それにしても、そんなことでなぜあのプロジェクト、ダメになっちゃったのかなあ。釈然としないな」

ということになりかねない。つまり、結論に至るまでには理由のほかに背景もあるわけで、その背景を説明すれば、これはもう非常にわかりやすくなる。

「まあ、景気もなかなか良くならないし、この業界も厳しいからね。それに、近々、大幅な人事異動があるという噂だから、それも影響したんじゃないかな」

とにかく結論、理由、背景。この三段階の構造に頭を慣らしてしまうことである。

「早い話が離婚ということになったんだ。奥さんのほうが何としても別れたいと言ってきかないんだ。それに子供の養育についての話し合いがついたらしい。それで離婚という結論になったわけだが、まあ、あの奥さん、姑さんとの葛藤でずいぶん悩んでいたからね。別れたいという気持ち、わからないじゃないね」

こういうように背景を叙述的に話すと、「ああ、そういうことだったんだ」ということで、こちらの意思がスパーッと通じるようになる。

結論＝背骨、理由＝内臓・血管、背景＝皮膚

「正確に、しかもわかりやすく、短時間で、有効に伝える」には、結論、理由、背景に分類して語ること。これが一番適した方法であると私は考えているが、その結論、理由、背景を人体に置き換えると、結論は背骨や腰骨、理由は内臓や血管、背景は皮膚や髪の毛にそれぞれ相当する。

背骨がなければ人体が成り立たないのと同様、結論がなければコミュニケーションそのものが成り立たない。話に一本、筋が通らないわけだ。逆に言えば、結論さえはっきり言えばある程度の意思の伝達は可能で、「今日の飲み会、俺は欠席する」と言うだけでも「欠席するんだな。わかった」と相手に理解させることができる。

しかし、背骨だけだったら、相手を心から納得させることは難しい。「なぜ、

欠席するんだ」という疑問が残るわけだ。そこで必要なのが、理由という名の肉づけ。「突然、子供が熱を出したんだ」と理由を言えば、「そうだったのか。分かったよ」と相手もたいてい納得する。

結論と理由の二つだけでも、通常の会話ぐらいなら十分通じるだろう。ところが、結論と理由だけでは心から納得しないケースも少なくない。「子供が熱を出したぐらいでなぜ欠席するんだ。子供の世話は奥さんに任せて、出席したらどうなんだ」という釈然としない思いが残ったりするわけだ。そこで、「いや、家内も風邪で寝込んでいて、今日はどうしても帰らなければならないんだ。だから、悪いけど欠席させてもらうよ」と言えば、「ああ、なるほど。そういうことだったんだなあ」と、全容がはっきり相手に伝わるというものだ。

結論・理由＝知性、背景＝心

結論、理由、背景を別の角度から言うと、結論と理由は知性に、背景は心にそれぞれ相当する。

まず最初に結論を聞くと、瞬時に「うん、わかった」と、頭の奥、知性の奥にピーンと響く。だが、それだけでは納得できない。「なぜなんだろう」という疑問が残るわけだ。そこで、理由を説明してもらうと「ああ、そういう理由でそうだったのか」と知的に納得できる。が、それでもまだ心は納得しない。「まあ、わからないじゃないんだけど、でもなあ」と、心のモヤモヤが消えないわけだ。そこで必要になるのが背景説明で、これを聞いてはじめて、「なるほどねえ。そういうことだったのか」と心から納得できる。

だから、時間のない時には結論だけ言う。「嫌い」「バカ」「ドジ」「いい出来だ」「最低の仕事だ」「クビだ」。しかし、何の説明もなかったらガーンとショックを受けるから、時間がある時には理由を説明する。

「クビの理由はこれこれこういうことなんだ」

「ああ、わかりました」

でも、心から納得したわけではない。

「でも、ぼくなりに一生懸命にやってきたのに……」

「まあなあ、努力しているのはわかるけど、いまはこういうご時世だろう」

と叙述的に、小説を書くように縷々《るる》、背景を述べていく。すると、心情が納得する。

このように、コミュニケーションを正確に、わかりやすく短時間で有効に伝えるには、この三段階、骨組みと中身と皮。こういう順番で話をされると、頭ですっきり理解でき、心情も満たされるから、情報や意思の伝達がうまくいくわけである。

相手が忙しそうな時には結論だけ

以上の結論、理由、背景について概観したが、この三つの要素がコミュニケーションの基本中の基本である。自分の意思を言葉で相手に伝える時、結論として何が言いたいのか、その理由は何なのか、背景としてどういう事情があるのか、その三点を明確に整理した上で表現すれば、「正確に、しかもわかりやすく、短時間で、有効に伝える」ことが必ずできる。

後は、伝える相手や状況に応じていかに応用するか、である。いきなり結論から切り込むべきか、理由を説明してから結論を言ったほうがいいのか、背景を丁寧に語ってから理由、結論へと向かったほうがいいのか。それらを的確に判断しながら、結論、理由、背景の論理を巧みに活用すること。これが第二のポイントである。

そこで以下、その応用編について、幾つか状況設定しながら語ってみたい。

まずは、相手が時間的に余裕がなかったり、あるいは電話で用件を報告するときのコミュニケーションについて。この場合は、先にもちょっと触れたように、結論を真っ先に言うのが大原則。

「今回の商談、先方からＯＫをいただきました。正式な契約は一週間ほど先になります。詳しいことはのちほどご説明いたします」

と言っておいて、暇になった頃合いを見計らって、理由や背景をゆっくり説明すれば、正確に伝わり、相手も納得できる。

ところが実際には、これができない人が驚くほど多い。私の会社にも、その種のタイプが何人かいる。例えば、「電話で報告する時には、基本料金の三分以内で話せ、結論を言え」と注意すると、そのときは注意した通り、結論だけを報告する。ところがその後、私が社に戻っても一向に補足説明がない。

「君、昼間報告を受けた仕事の件の理由と背景を説明しろ。なぜ説明しに来ないんだ」

「えっ、結論だけ言えとおっしゃったから、結論だけ申し上げたんですけど……」

「詳しい内容を説明してくれなきゃ、結論だけじゃわからないだろう」

「でも、結論だけ言えと」

「相手が忙しくしている時や電話で話すときは結論だけ報告するんだ。忙しく仕事をしているのにダラダラと、『えー、こういう理由でございまして、こういう背景でございまして』なんて言われたら、仕事ができないだろ。だから、相手が忙しそうにしていたなら、『理由と背景はまたのちほど』と言って、結論だけ報告するんだ。だいたい五時か五時半ぐらいになって、業務日誌か何かを書いていて、時間がありそうだな、ちょっと暇ができたかな、それほど忙しくないなという頃合いを見計らって、君のほうから、『お昼に報告した件ですけれど、理由と背景をご説明いたします』と言うんだよ。その場合も、ダラダラ報告するのではなく、『誠に残念な結果になってしまいましたが、第一にこういう理由で、第二にこういう理由で、第三にこういう理由でダメだったんです』と報告するんだ。そうすれば、こっちだって、『うーん、なるほどな』と納得するだろ。で、理由の説明が終わったら、次は背景だ。『ライバル会社でこういう攻勢をかけてきまして、系列会社もこういうふうになりましたので、そういう背景でダメになったんだと思われます。しかし、そこで得た情報で、次のプロジェクトの概要がわかり、次のステップへの取っ掛かりができたと思いますので、今回の件は決して無駄ではなかったと思います』というふうに報告するんだ。わかったか」

こんなこと、いちいち説明されるまでもなく、きちんと理解していて然るべきである。ところが、それがなかなかできない。理由は簡単、結論、理由、背景というロジックをきちんと理解していないからである。だから、時と場所をわきまえず、要領を得ない報告ばかりすることになるのだ。

上司への報告は暇なときを狙え

ちょっと余談になるが、報告のタイミングについてちょっと触れておこう。

サラリーマンの場合、だいたい午前一〇時から一一時の一時間ぐらいが、一番仕事に乗っている時間帯で、一一時半になってくるとだんだんイライラしてくる。ただ単に腹が減っているからなのだが、こんな時複雑な話を持ち込んだら、まずネガティブな結果しか得られない。もし、一一時半過ぎに飛び込み営業をかける営業マンがいたら、その人は半人前、まだまだプロフェッショナルとは言えない。

飛び込み営業の場合はだいたい、お昼ご飯を食べて満腹になっている一時半か二時を狙うのがベスト。脳の血が胃のほうへ行っているのでボーッとしていて、仕事はしているんだけど、気分はリラックス。その瞬間を狙って一時半ぐらいに飛び込んでいくと、相手も余裕を持って聞いてくれるという次第である。

それから、狙いどきは六時半から七時。残業で会社に一人残っている人を狙う。

「遅くまで残業ご苦労様でございます」

「ああ」

「大変ですねえ」

「うん。あんたも大変だね。こんな遅くまで」

「いいえ、営業ですから当たり前です。今日は、いいモノを持って来ましたので、是非聞いていただきたいと思いまして」

　他に誰もいないから、話をすると聞いてくれることが多いのだ。そのように、飛び込み営業の場合は、相手の状況に合わせて飛び込みをかけていかないと、いい結果は得られない。

　で、テキパキと商談を進め、結論をすぐに貰わなければいけない時には、だいたい午前一〇時ぐらい。九時ではダメ。前日から持ち越した決済処理に忙しかったりとか、あちこち電話をかけまくっていたりとかで、営業マンの話を聞く余裕がないからだ。それが終わるのがだいたい一〇時。その時間帯を狙っていくのも手である。

　それから、だるくて何もしたくないというのは、だいたい午後三時から四時。言わば中だるみ状態だ。このときにはクレーム処理など、難しい案件を持ち込むと、存外うまくいくことが多い。

「これ、どうしますか」

「まあ、いいんじゃないの、適当にやっておけば」

それが午後三時半ぐらい。

一口に上司への報告と言っても、時間と状況を考慮に入れて報告するのと、入れないで報告するのとでは、結果に天地ほどの違いが生じるのである。

女性とのコミュニケーションでは背景説明をたっぷりと

ちょっと話が横道に外れたが、今度は女性を相手にした場合のコミュニケーションについて考えてみたい。

一般に男性は女性と比べて知性的である。無論、女性に知性がないという意味ではないが、女性は知性より感情のほうが発達しているのがふつうで、一般論で言えばやはり、男性のほうが知性的であり、男性同士なら結論と理由を言うだけで即座に意思が通じる。つまり、結論はこれ、理由はこれ、と明確に把握する論理性。そして、いくつもある理由の中からバイタル・リーズンを抽出する知的要約力。二番目の理由はこれなんだ、三番目の理由はこれなんだ、という分析力や分類力。こういうものがあるとすごくわかりやすいし、男同士の会話なら、むしろ結論と理由だけで背景説明などないほうが通じるくらいだ。

ところが、女性に対するコミュニケーションになってくると、こうはいかない。結論と理由だけ言えば、男と同様、頭では理解できる。ところが、それだけで終わってしまったら、感情が満たされない。やはり、背景をたっぷりと説明しないと女性は満足しないのである。

私に言わせれば、女性と会話する時には、結論五秒、理由一分、背景五時間。それくらいたっぷりと背景説明をしなければ、心から納得してもらえないと考えたほうがいい。例えば、愛を告白するときも、背景説明にたっぷり時間をかけないとうまくいかないことが多い。

「今日、時間を取っていただいたのは、結論から先に言うと、結婚を申し込むためです。あなたのことが好きです。結婚してください」

「えーっ、突然そんなこと言われても困ります」

「とにかくあなたのことが好きなんです。理由は、あなたはやさしくて親切だからです」

なんて言ったところで、相手は当惑するだけだろう。それよりも、「この間、友人の見舞いに病院へ行ったんだけど、彼の担当の看護師さんがとても美人で、しかもやさしくて親切でね。その看護師さんを見ていたら、ふとあなたのことを思い出しちゃってね」

というふうに、背景に目いっぱい時間をかけたほうがずっと効果的である。

もちろん、相手が誰であれ、結論、理由、背景の三つの要素は必要だが、男性を相手にする場合、女性を相手にする場合の二つに分けて考えると、やはり大きな違いがあるわけだから、そこをきちんとわきまえてコミュニケーションを図るようにしたい。

悲しい報せ、辛い話は背景、理由、結論の順で

もう一つ考えておかなければならないことに、うれしい情報、おめでたい情報は結論から、悲しい情報、不幸な情報は背景から説明する、というのがある。

相手にとって好ましい情報なら、「おめでとう、合格したよ」「おめでとう、男の子だって」などと、結論を真っ先に言うべきだ。理由や背景は後からゆっくり話せばいいことで、場合によっては理由など必要ないときもある。

ところが、悲しい情報、不幸な情報の場合には、背景説明から入らないと、相手に大きなショックを与えることになりかねない。例えば、友人の恋人が万引きで捕まり、しかも友人のほかに恋人がいっぱいいる怪しげな男だということがわかった時、

「あのさあ、あなたの恋人がさあ、万引きで捕まって、いっぱい恋人がいたのよ。あなた、騙されていたのよ」

なんて言ったらどうだろう。わざわざショックを与えるために言っているんじゃないかと思われても仕方あるまい。やはり、悲しい情報、不幸な話の場合は背景から入って、最後に結論を言うようにする。それが思いやりというものではないだろうか。

「あのう、元気にしている？　あなた、付き合っていた人、いたよね」

「ええ、いたよ」

「彼はたしか、あのう、なかなかユニークな人よね」

「ええ、ユニークだわ。ときどき私のカバンなんか取ったりして」

「たしかそうだったわよね。あれ、クセかもしれないね。ところで、言いにくいことなんだけどさあ、あのう、彼、あのう、そういうクセがあったものだから、ちょっと、特別な場所でしばらく滞在しているの」

「何なのよ、それは？」

「彼って、母性本能を刺激するようなところがあるわよね。だから、あなただけでなくて、いろいろな人が刺激されていたみたいで」

「どういうことなのよ」

「傷つかないでね。言ったら傷つくかもしれないけど、冷静に聞いてほしいんだけど、いま彼はね、結論を言うと、万引きでちょっと捕まって、それを心配に思って来た女の子が八人ぐらいいて、鉢合わせになっちゃってね」

「ええーっ！　ホント」

というふうに、背景をぐちゃぐちゃ説明しながら、理由を小出しにして、最後に結論を言うと、その結論を受容する心の準備、「何かあるんだな」という心のゆとりができるから、ショックも和らぐわけだ。

そういう場合、枕詞や序詞を活用すると、さらに効果がある。例えば、「光」を表現するとき、ただ単に「光」と言うのではなく、「ひさかたの光のどけき春の日に」とか、あるいは「闇」を表現する時も、「ぬばたまの闇に隠るるカラスの羽は」などと、枕詞、序詞を入れると収まりがよくなる。それと同じように、相手にとって悲しい報告、辛い報告をする時には、

「気持ちを落とさないでね。さっきお医者さんと看護師さんが立ち話しているのを聞いてしまったんだけど、実は、あなたのお父さまの病気、あまり思わしくないようなの」

と、結論を言う前に枕詞や序詞を置くようにすると、オブラートがかかる。結論は同じであっても、言葉にお化粧をする分、柔らかく伝わるのである。

まあ、こんな指摘、わざわざするまでもないことかもしれない。ご家族が不治の病を患ったとか亡くなったとか、友達が受験に失敗したとか、そういう時にいきなり結論から入る人はいないだろう。

いずれにしても、結論、理由、背景の比重を臨機応変に変えたり、枕詞や序詞

を活用すれば、意思や情報が正確に伝わるだけでなく、相手を傷つけずに済むわけだから、大いに活用したいものである。

背景だけでは意思は伝わらない

相手にとって悲しい報告、辛い報告をする場合には背景から入るべきなのだが、中には結論、理由などまるでお構いなし、背景ばかりを延々と説明する人がいる。そうなるとこれはもう、何が言いたいのか、さっぱりわからなくなる。


「何を言っているのよ、あなた。何が言いたいのよ」

「いやあ、いろんな理由があるんですけど」

「理由なんかいいから、何が言いたいのか、それを言いなさいよ」

「いやあ、いろいろあって」

「結局、何が言いたいわけ。さっきから一時間もいろいろ言っているけど、結論として何が言いたいわけなのよ」

「結論としてはお金を貸してほしい」

「だったら先に言いなさいよ」

「先に言ったら、貸せないと言われたらそれで終わりだと思うから」

「そうよ、貸せないわよ。あなたみたいにグズグズ言う人には」

こんなタイプは職場にもいる。とくに出来の悪い社員に多く、彼らは人が忙しくしている時に限って、背景をグダグダグダグダグダと並べまくるだけで、まるで要領を得ない報告をするんだ、これが。

「ちょっと忙しいからあっちへ行ってくれ」

「しかし、これをご説明しなければ……」

「結論を言え、結論を」

「あのう……」

「結論を言え」

「結局……」

「もういいから、仕事が終わってからにしてくれ」

こんなことにならないためにも、忙しそうにしていたら結論のみ。あるいは理由を二、三加えてサッと引き下がる。ちょっと時間がありそうだったら理由を説明して、背景はカット。上司に報告する時にはやはり、相手が忙しいのか忙しくないのか、心理的に余裕があるのかないのか、それによって、結論、理由、背景の三段階のうちどこまで報告するのか、きちんと計算できるようでなければならない。

一般に、何が言いたいのかという知的要約力、読解力、分類する知性がない人の話は、聞いていても、何が言いたいのかよくわからない。ということは、自分のことしか考えていないわけだ。聞き手の気持ちを理解しようとしないから、背景ばかりで結論を言わない。結果、相手をイライラさせるだけ。それではコミュニケーションなどできないだろうし、友達だってつくれないかもしれない。

それとは反対に、「結論、何何」「理由、何何」「背景、何何」と、まるで論文でも発表しているようなコミュニケーションしかできない人もいる。理科系の人とか経理をやっている人に多いようだが、「結論、給料カット」、「理由その一、経費がかかりすぎた」、「理由その二、売り上げが落ちた」、「理由その三、粗利が低くなった」なんて言われた日には、気分がドーンと落ち込んで、心情的に救われない。人間、心があるんだから、もうちょっと言いようがあるはずだし、もうちょっと言葉におかずがあっていいはずだ。

理科系の人、経理をやっている人、あるいはコンピュータ技師など、人との対話が足りない職種に就いている人の話は、言いたい論旨はわかるけれど、聞いていてしっくりこない。やはり、結論、理由、背景のバランスがよく、自分なりの意見、論理性、それから文学性、表現力を持っている人の話は聞いていてよくわかるし、心情も伝わってくる。それができる人をコミュニケーションの達人と呼ぶのである。

ホウレンソウの極意

以上がコミュニケーションの基本理論と応用だが、これをきちんとマスターしておけば、会社におけるホウレンソウ――報告、連絡、相談に応用できるし、社内での評価も上がるはずである。そうなると、腕が上がれば上がるほど難コースでのゴルフが楽しくなるように、コミュニケーションが楽しくなる。説得力がある分、自分の意思が通るから、人と会ったり話したりするのがますます楽しくなるわけだ。

それに対して、上司が自分の言うことを聞いてくれないとか、自分は上司から無視されているんだとかというのは、やはりコミュニケーションが悪い。コミュニケーションが悪いというより、技術が足りない、結論、理由、背景の骨子ができていないと言うべきかもしれない。ボソボソボソッとしか言わない。理屈ばかりで言っていることにトゲがある。何が言いたいのかよくわからない。背景を説明するけれども、論旨がよくわからない。そういう人はまず、そこから始めないことには、コミュニケーションを楽しむことはできないだろうし、仕事にも行き詰まってしまうだろう。

逆に、ポイントがわかってくると、報告に行く前、伝達する前、相談に行く前に頭の中で整理できるし、準備ができる。結論はこれ、理由はこれだけあるけどそのうちどれが一番の理由なのか。二番目の理由はこれ、三番目はこれ。四つは多すぎると思われる時には、「そのほか、こういう理由も考えられます」と、アディッシュナル（付加的に）に報告すればいいだろう。あるいは、「メインの理由はこれで、付加的に言うとこういうことも考えられます。これと、それからこんなものもあります」というふうに言ってもいい。

背景についても、「背景として、こういう説明をしたほうがいいだろうな」と整理し、準備してから連絡に行く、相談に行く。そうすれば、スラスラとわかりやすく、説得力ある説明ができる。当然、評価も上がらないわけがない。

そのように、結論、理由、背景という論理の基本を踏まえた上で、臨機応変に応用していけば、だんだんうまくなっていくはず。いきなりうまくなれと言われても、それは無理だろうが、あらかじめ報告、連絡、相談をしたり、人とコミュニケーションをすることがわかっているときには、少なくとも準備はできる。その場合は、以上述べてきたような頭の使い方、思考の方法で作戦を練っていくと、必ずうまくいく。

そういうふうに普段から心がけない限り、コミュニケーション能力といっても、そうそう上がるわけではない。だから、一も二もなく練習することである。結論、理由、背景に分けて練っていくと、徐々にではあっても、必ず高められるし、いつしかコミュニケーションの達人と呼ばれることも夢ではない。

朝礼、結婚式、プレゼンのスピーチは帰納法で

コミュニケーションには、以上述べてきたような、ビジネスシーンでの報告や命令といったもののほかに、パブリックスピーチ、いわゆる朝礼や結婚式でのスピーチがある。その技術を身につけておくことも、報告や連絡と同様、きわめて重要である。

例えば、結婚式の祝辞で、

「結論、おめでとうございます」

「理由、新郎はこれまで何人の女性に振られたことでしょう。その彼がようやくゴールインできたのだから、これほどおめでたいことはありません」

「背景、新郎は高校、大学を通じて野球部に所属していたくらいですから、非常に礼儀正しく義理堅いところがあるのですが、反面、頑固一徹で融通の利かないところがあり、それが女性に理解されなかったのでは……」

なんてやったら顰蹙《ひんしゅく》を買うに決まっている。やはり結婚式のスピーチや朝礼の挨拶など、決められた時間の範囲で話す場合は、結論、理由、背景のロジック

を踏まえながらも、もう一工夫、二工夫が必要なのだ。

朝礼や結婚式のスピーチに限らず、大勢の前でプレゼンテーションする時に考えなければならないのは、一対一のコミュニケーションと同様、まずは説得力である。そのためにも結論、理由、背景のロジックを考えながら話を構成する必要があるのだが、スピーチの場合は、演繹法的な表現と帰納法的な表現とに大きく分類される。

演繹的な表現とはどういうものかというと、たとえば公害問題について講演するとする。その場合、日本人は「この公害問題は看過できない深刻なものである。日本政府は一刻も早く公害問題に力を入れるべきである」などと、大上段から公害問題を語ることが多い。政治家のスピーチにしても、評論家のスピーチにしても、そのほとんどが演繹法であると言っていい。

演繹的に結論はこうだ、こうあるべきだと言うわけだから、言いたいことはよく伝わる。しかし、あまりハートに伝わらない、胸にジーンと響くというところに欠ける。要するに説得力がないわけだ、演繹法は。

ところが、欧米人がスピーチ——人前で話をすることを欧米ではパブリックスピーチと言うが、そのパブリックスピーチをする場合はどうなのかというと、結婚式であろうと、それから朝礼であろうと、それから会社のプレゼンテーションであろうと、どちらかというと演繹法的なやり方ではなくて、帰納法的な論理の組み立てが多い。

例えば、公害問題についてスピーチする場合、「こうあるべきだ」と結論から入るのではなく、まず、自分が公害問題に取り組むようになった契機、あるいは身辺に起こった公害問題から説き起こす。つまり、大気汚染だとかダイオキシン問題だとか個別の公害問題を提示することで、公害問題という抽象的なテーマを特定化、専門化するわけだ。

特定化したら次に出てくるのがモチベーション。つまり、なぜ公害問題に取り組むようになったのかという動機である。三番目はアナリシス。現状分析である。四番目にプランが出てくる。自分の意見、アイデアである。そして、最後にコンクルージョン。ようやく結論が出てくるわけだ。

こういう論理、ロジックで欧米の人たちはスピーチするのだが、一つ、具体例を示すとおおむね次のような感じになる。

「えー、みなさん、今日は公害のお話をしたいと思います。公害公害と言いますけれども、私がなぜこのように公害というものに興味を持ったのかと言いますと、私の実家はミシシッピ川のそばにありまして、子どものころはよくミシシッピ川で魚を釣ったり水遊びをしたものです。それから三十数年、久しぶりに故郷に帰ったんですけど、その折、子供の時のように釣りでもしようかと思ってミシシッピ川へ行ったところ、魚がプカプカ浮いているのが見えました。これは何事か。そう思って、近所の人に『魚がいっぱい死んでいますよ』と言ったら、『ああ、このミシシッピ川はずいぶん前からこういう状態です。いつも魚が浮いていますよ』という返事でした。

『なぜ、こんなことになったんですか』と、その人に聞いたら、『いや、川上にできた工場が工場廃液を出しているんです。それで魚がいっぱい死ぬんですよ』『垂れ流しにしていいんですか』『いや、いいかどうかはわからない。よくないとは思うんだけど、工場がいくつもできて、そこから垂れ流されている工場廃液が原因で川が汚染されちゃってね』『それで魚が浮いているわけですか』『もうほとんど死に絶えて、あなたが子どものころに釣った魚なんか全然いないです。あそこに浮いているのは最後の数匹です。小さいのはまだちょっといますけどね』『じゃあ、もうこの川では……』『もうダメだね。泳いだって危ないって言われているんだからね。もう遊泳禁止です、ここは』『じゃあ、もう水泳もできない、釣りもできない？』『そう、何もできないね』

こういうふうな体験がありまして、私は公害というものがいかに大変なのかということを身をもって実感しました。それからです、公害に興味を持つようになったのは。で、アメリカにはいくつも川がありますけれど、いくつぐらいの川がこういう状況なのかと思って調べてみたんです。そうすると、全米に二〇〇〇いくらかある川のうち六〇パーセント以上の川が、私の故郷のミシシッピ川のように汚染されて、魚がもういない。四〇パーセントはまだ残ってはいるんだけれども、魚は半分以下に減っているんです。それだけではありません。奇形の魚も増えているんです。尾ひれが変形しているのとか、目のない魚だとか、そういう奇形の魚がいるということの報告書を見まして、何という現状だ、ということで公害問題に取り組むようになったわけです」

自分が経験したことをベースにしながら問題を提起して、現状を分析し、そこから普遍化して、アメリカ全州に当てはまるんだと話をもっていく。ここでは省略したが、では山はどうなのかというと、山の汚染はもっとひどくて、樹木というものは酸性雨で山という山の木々が枯れてしまって、鳥もいないんだ、と付け加えることもできる。

このように、公害問題という抽象的で大きなテーマを、自分自身の体験という観点から特定化し、そこから次のように普遍的な問題として意識の喚起を訴える。

これが、帰納法である。

「公害問題はすでに、アメリカ中の自然環境を危機に陥れているのです。このまだったら、われわれの子孫はどうなるでしょうか。川ではもう水泳もできない。釣りもできない。アメリカの山は近いうちに丸裸になるでしょう。子どもたちが大人になったころ、このアメリカは一体どうなっているんでしょうか。自然環境は、先祖からの預かりものであり、子々孫々、残していかなければなりません。これを、私たちの代で破壊するようなことがあってはならないと私は思うのです」

その次に、プランを提示する。

「このような現状をいったいどうしたらいいんでしょうか。そこで私はみなさんに提案します。私たちの故郷の川に魚を復活させよう、ミシシッピ川に魚をいま一度、というキャンペーンをここでみなさんに提案します。もしそれをやらなかったら、私たちの子孫が川で釣りをしたり泳いだりできないような環境になってしまうんですよ。全米のうちの七五パーセントの川がこうなっているんですよ。これが現状です。みなさん。このままでいいんでしょうか。私はトラストをつくることを提案いたします。トラストを結成して、私たちの故郷の川に魚を戻そうという運動を展開したいと思います」

これが提案であり、プランである。そして、参加者が拍手したところを見計らって、「ご賛同いただきまして、ありがとうございます。このトラスト運動をいま展開していかなければ、二度と故郷の川が生き返ることはないでしょう。そうなったら、アメリカの子供は故郷を持たない子供たちになってしまいます。ミシシッピ川の歌を歌っても、ミズリー川の歌を歌っても、故郷を懐かしく思い出すことはなくなってしまうでしょう」

と言っておいて、もう一回、動機を強調する。

「故郷のミシシッピ川に魚がプカプカ浮いている現状を見なければ、私が公害問題に関心を抱くことはなかったでしょう。しかし、いまや全米の七五パーセントの川が汚染されているのです。この危機的状況を脱するには、トラスト運動をみなさんと共に盛り上げていくしかありません。それが私の結論でございます」

ここで終わってもスピーチとしては及第点がつけられるだろうが、最後の最後をピンとくる気のきいた台詞で締めれば、ほぼ満点になる。

「故郷の歌を感動の涙で歌えるような、そういう故郷をもう一度、取り戻しましょう。ミシシッピ川の美しさを謳った故郷の歌を子供たちに残すためにも、ミシシッピ川の汚染を解決する運動をいますぐ開始しましょう」

という言葉で締めると、聴衆はより感動を深められるわけだ。

イメージを沸き上がらせるのがポイント

さらに、帰納的な方法とはどのようなものかを知るために、自動車事故撲滅に関するスピーチをするケースを想定して、考えてみよう。

「先日、私のいとこが自動車事故を起こして病院に入院したという知らせがありました。ビックリして病院へ駆けつけると、幸いにも顔面を強打して歯を数本欠いただけだったんだけれども、その入院費の大変なことにまたまたビックリしてしまいました。それで、交通事故の実情はどうなんだと興味を持ち、いろいろと調べてみたら」

と、自分自身の体験に基づきながら動機を説明し、次に、

「交通事故の死亡者は何と年間一万人以上にものぼるということではないですか。しかも、その死亡者というのは事故後二四時間以内に亡くなった方に限定されていて、実際には一万人どころか、その数倍、数十倍になるということです。仮に一〇倍としたら、東京大空襲で亡くなった人が一〇万人と言われていますから、日本は毎年、東京大空襲を受けていることになるわけです」

というふうに、現状分析をする。そして、

「そこで私は提案したい。交通事故を撲滅するために民間人による交通監視委員会を設置し、交通事故多発地域の監視を強化する必要があるのではないでしょうか」

と具体的な計画、アイデアを提示する。その上で、最後にもう一回、「今回、私のいとこが自動車事故を起こしたことで、交通事故の実態を知ることになったのですが、年間一〇万人の方が亡くなっている現状に驚きを禁じ得ませんでした。私の提案が現実のものとなった時には、必ずや交通事故は少なくなると確信しております。毎年一〇万人近くが亡くなっている現状。それは先ほど申しましたように、東京大空襲に相当するものです。原子爆弾も怖いし、戦争も怖いけれども、交通事故も怖い。その意味でまさに、現代は交通戦争の時代なのであります」

と要約しておいて、最後の最後に気のきいた言葉で締めくくる。

「ですから、運転免許を取得することは、天国行きの切符を手にすることと同じだと思って、運転しなければならないのです」

この一言で、グッとイメージが湧いてくる。言わば、イラスト的効果でイメージを定着させるわけだ。そうすれば、わかりやすいし印象にも残る。

スピーチとはムーヴである

これを演繹的に言うと、どうなるか。

「皆さんもご存じの通り、日本では今日、年間一万人以上の人が交通事故で亡くなっています。これはまさに戦争であります。いや、戦争よりもっと深刻な問題と言ってもいいでしょう。果たしてこのままでいいのでしょうか」

誰もいいとは思わない。

「何らかの対策が必要なのは明々白々であります。そこで私は交通監視委員会の設置を提案いたします。その上で、交通事故撲滅キャンペーンを強化すべきだと思います」

誰も賛成しない。「あ、そう、ご苦労さん。がんばってね」といったようなところで、やはり説得力がないわけだ。ここが演繹法的な手法と帰納法的な手法の大きな違いであって、人の心を動かすには帰納法的手法のほうがはるかに適している。しかも、最後に気のきいた言葉をピッと入れると、「本当にそうだ、その通りだ」という気持ちにさせることができる。

スピーチとはムーヴなのだ。いかに心を動かし、行動に駆り立てるのか、なのである。だから、スピーチを聞いて、「そうだーっ」と心が揺さぶられた、心が動いた、そして終わった、というのではダメ。心が動いたら次に行動に駆り立てて、「こんなことはしていられない。そうだ、トラスト運動をしなきゃ。そうだ、交通事故撲滅キャンペーンをしなきゃ」と、行動に駆り立てる。それがすなわち説得力なのだ。

だから、説得力のあるスピーチは、だいたい帰納法的な構成になっているはずで、欧米人のスピーチがうまい理由はここにある。対して日本人の政治家は大方、言いたいことをワーワー主張しているだけ。それでは、言いたいことは理解できても、感動はしない。

こういう帰納法的な展開パターンを身につけておくと、結婚式のスピーチにもそのまま応用できる。

「新郎とはじめて出会ったのは私が学生の時でして、そのころから彼はなかなか優秀な男でした。テニスクラブで一緒だったんですけど、あるとき、テニスのラケットがなくなったことがありました。みんなが、どうしようどうしようと大騒ぎしているその時に、彼が『ああここにあったよ』と。なぜ、彼が見つけることができたのか。彼は日ごろ、トイレに行ったあと、必ずそのラケットがあった場所で着替え、女子部のほうを窓から覗き見していたんですが、そのときは放心状態になっていたものですから、よくラケットを置き忘れるんです。それで彼は、ラケットをなくすのはここしかないと思い、行ったらあった、というわけです。そういうことがありまして、その覗き見をされていた女性が新婦でございます。ですから彼は、自分自身の行動パターンはもちろんのこと、人の行動パターンを冷静に分析していて、ラケットがなくなった時にはいつも彼が発見する。何か困った時にはいつも彼が解決するんです。こういう理由で、『ああ、彼は優秀だな』と思ったんですけれど、彼は入社してからどうだったのかというと、ふつうに入社して五年ぐらいたったら係長というところが、彼は二年後に係長になり、四年目に課長になり、一〇年たって部長になるかならないかというところを、六年目に部長になりました。このスピード出世。調べてみると、彼は創業以来のスピード出世と言われていることがわかりました。いかに彼が優秀かということがおわかりでしょう。それだけ出世する理由は何かと申しますと、やはり目上に対しては素直だし、同僚の面倒見はいいし、後輩とはいつも楽しくやっているし、笑顔が爽やかで、女子社員にも男子社員にも、目上にも同僚にも目下にも可愛がられています。これが彼の記録破りといわれるスピード出世の秘訣。当然ですよね。それで私は思うんですけど、こんな素敵な彼の心を射止めたという彼女は、私は今世紀最大と言っては言いすぎかもしれませんが、平成に入ってから最も幸せな花嫁の一人ではないでしょうか」

聴いているほうは、「はあ、なるほど」と思う。そこで、

「実は、彼には趣味がありましてね、狩野川に釣りに行くんです。アユ釣りの名人なんです、友釣の。あれで彼女を引っかけたのかもしれませんけど、それをバーナーで焼かないで、竹藪に入って、笹の葉にくるんで食べる。すなわち、アユの笹焼き、愛のささやき。これが結婚してから行なわれるんじゃないんでしょうか。新郎は、スピード出世記録を塗り替えるような優秀な男です。そして彼の愛のささやきを受ける大食漢の奥さんというわけではありませんけれど、この素晴らしき新郎新婦に、改めて、もう一度おめでとうという言葉を贈って、私のスピーチに代えさせていただきたいと思います」

と言うと、「オー」という歓声が上がることは間違いない。とくに、最後のアユの笹焼き——愛のささやきという気のきいたワンワード。これを入れることでスピーチが締まり、強く人々の印象に植えつけることができたのだ。対して、「新郎は最高の男です。花嫁も最高の女性です。こんなに素晴らしい結婚式はこれまで見たことがありません」

なんて言うのは、演繹的な祝辞で、イマイチ感動しない。

アメリカ大統領のスピーチが面白い理由

身近な実例から入って、現状を分析し、最後に気のきいた一言で締めくくる。このロジックがしっかりしていれば説得力があるし、わかりやすい。やさしい単語でしか表現できない人、イマイチ語彙力に欠けている人でも、ロジックがしっかりしていたなら、すごくわかりやすいし、説得力のあるスピーチができるのだ。反対に、どんなにいっぱい単語を知っていても、どんなに気のきいた表現をしていても、ロジックが明確でなく、展開のパターンができていないと、何を言っているのかよくわからない。言っていることはわかったとしても、説得力がない、ということになる。

さらに言えば、このロジックと論理展開に加えて、文学的表現力が足されたら、これはもう最高のスピーチになる。それを絶えず研究している——と言ってもブレーンが研究しているのだろうが——アメリカの大統領のスピーチなんか、本当に素晴らしい。いまだに名言として残っている、「われわれにとって大切なのは、国に何かをしてもらうことではなく、国に何ができるかである」というケネディ大統領の有名な演説など、その極致である。それに対して、日本の首相のスピーチと官僚の答弁のつまらぬことと言ったらない。欧米人のスピーチと日本人のスピーチ。その巧拙のゆえんは何か、よく研究したらいいと思う。

帰納法的と演繹法的。そのロジックの違いを頭に入れてスピーチをすれば、結婚式の挨拶や朝礼の挨拶、それからプレゼンテーション、何をやっても非常に説得力があるし、具体的でわかりやすいし、印象に残るし、感動する。

起承転結の活用法

これを和的な論法でいうと、序論、本論、結論ということになる。

例えば、プレゼンテーションの時には、「えー、まず申し上げることは」から始まって、「それだから、こういうことでございまして」「結局、こうでございます」で結ぶ。序論、本論、結論。論文を書く場合は、ほとんどこのロジックである。

それとは別に、起承転結というのもある。まずはじめに起こして、承で受けて、転で話を転換して、結で全体を要約する。漢詩、七言絶句とか五言絶句は全部、この起承転結になっているし、四コマまんがでも、最初に起があって承で受けて、転、結で締める。その場合、腕の冴えを見せるのが転結で、四コマまんがの真価は転結で問われると言っても過言ではない。

それを応用して、スピーチをする場合も、最初に起で始め、次に承があって、転があって、最後は結で締めると面白く、意外性のある話ができる。四コマまんがのように、意外性のあるスピーチになるわけだ。

それから短歌になると、五七五七七ということになる。この場合、上の句の五七五が、起承転結の起承に相当するが、短歌で大事なのは、七七の下の句。つまり歌の終わり方により重みがあるのだ。対して、五七五の俳句では、上のほうに重みがある。短歌の場合、七七を言わんがための五七五なのだ。俳句の場合は一発目。「古池や蛙飛び込む水の音」だったら、一発目の「古池や」に重点がある。それから、字余りがある時には、最初のほうに持ってきたほうが強く感じる。

したがって、論文やレポートなど、論旨を明確に書くことが求められる場合には、序論、本論、結論。より面白く書くことが求められる紀行文などは起承転結、あるいは五七五七七。そのように、目的に応じて使い分ければ、和的な論法も大いに役立つはずだ。

しかし、パブリックスピーチということになると、1専門・特定、2動機、3現状分析、4計画・意見・アイデア。そして最後に必ず気のきいた言葉、「運転免許を取ることは天国行きの切符を手にすることです」「故郷の歌が故郷の歌として歌えるように、子孫たち、子どもたちに自然を残しましょう」といったフレーズで締めくくる。そういうジーンと胸にくるような詩的表現、ワンワードがあるとスピーチはさらに光輝くことだろう。

最後に

結論を言うと、スキーの技術を身につけてはじめて難コースでも楽しめるように、またゴルフの技術を身につけてはじめて難コースでも楽しめるように、コミュニケーションも基本的な伝達の技術、理論を身につけてはじめて、人との会話やスピーチを楽しめるようになるわけだ。だから、コミュニケーション能力を高めるには、まずその基本を身につけること。これが最低条件であって、その上で、さまざまな場面に臨機応変に対応できる応用形を研究していけば、最高のコミュニケーションができるだろう。

そのレベルに立ってはじめて、その人その人の持ち味というものが出てくるのだ。その持ち味とは何かといえば、言葉プラス各人の醸し出す雰囲気、表情、服装……。すなわち、その人の人間性がそのまま持ち味として出てくるのであって、その意味で、コミュニケーションとは言葉を媒介としたハート全体である、と定義づけることができる。

したがって、本当に素晴らしいコミュニケーションができるようになるためには、この章で述べてきた言葉の技術を磨くと同時に、自分自身の人間性に磨きをかけなければならないわけだ。だから、コミュニケーションほど面白く、刺激的なものはないのである。

深見東州 Ph.D.

（本名 半田晴久、別名 戸渡阿見《ととあみ》、別名 炉端手煮露《ろばたでにーろ》、別名 世界の中心で笑いこける）

1951年、兵庫県生まれ。
スイスのヤーマン＆ストゥービ社長。このほか、12ブランドの総輸入元であり、国内11店舗の直営店HANDA Watch Worldを運営する、(株)ミスズの社長。予備校「みすず学苑」の学苑長。ISPS（国際スポーツ振興協会）の会長として、世界中でゴルフトーナメントを主催。オバマ元米国大統領や各国首脳を招聘し、サミットを開く世界開発協力機構（WSD）の総裁。英国王立盲人協会（RNIB）副総裁。在福岡カンボジア王国名誉領事も務める。
国内外に十数社を経営し、実践派経営コンサルタントとして多くのシンポジウム、講演会を主宰、経済、政治評論活動を行なっている。人生論、経営論、文化論、宗教論、書画集、俳句集、小説、詩集などの著作も多く、『「日本型」経営で大発展』、『UNDERSTANDING JAPAN』や、193万部を突破した『強運』をはじめ、文庫本を入れると著作は320冊以上に及び、7カ国語に訳され出版されている。
(社) 日本ペンクラブ会員。書画作品は3723点。「炉端手煮露《ろばたでにーろ》」として、ジュエリーデザインを行なう。ギャグの本やビデオも、多数リリースしている。漫談家「世界の中心で笑いこける」でもある。

（2025年5月現在）

深見東州氏が所長を務める経営コンサルタント会社「株式会社　菱《ひし》法律・経済・政治研究所」では、経営相談、各種セミナー等、様々な活動を行っております。資料パンフレットもございますので、詳しくは下記連絡先までお問い合わせ下さい。

株式会社　菱《びし》法律・経済・政治研究所（略称 菱研《びしけん》）
〒167-0053　東京都杉並区西荻南2-18-9　菱研ビル2階
フリーダイヤル　0120-088-727
電話　03-5336-0435　　FAX　03-5336-0433
メールアドレス　bcc@bishiken.co.jp
ホームページ　https://www.bishiken.co.jp

たちばなビジネス新書

経営者は人たらしの秀吉のように！

平成二十七年二月二十八日　初版第一刷発行
令和　七　年　六　月　三十　日　第六刷発行

著　者　深見東州

発行人　杉田百帆
発行所　株式会社　ＴＴＪ・たちばな出版
〒167-0053
東京都杉並区西荻南二丁目二〇番九号
たちばな出版ビル
電話　〇三-五九四一-二三四一（代）
FAX　〇三-五九四一-二三四八
ホームページ　https://www.tachibana-inc.co.jp/
印刷・製本　萩原印刷株式会社
ISBN978-4-8133-2531-4